उर्दू के मशहूर शायर
मीर
और उनकी चुनिंदा शायरी

सम्पादक

नरेंद्र गोविन्द बहल

डायमंड बुक्स

www.diamondbook.in

प्रकाशक :   डायमंड पॉकेट बुक्स (प्रा.) लि.

X-30 ओखला इंडस्ट्रियल एरिया, फेज-II

नई दिल्ली- 110020

फोन   :   011-40712200

ई-मेल   :   sales@dpb.in

वेबसाइट :   www.diamondbook.in

Urdu Ke Mashhoor Shayar Meer Aur Unki Chuninda Shayari

Ed. By - *Narender Govind Behl*

दो शब्द

उर्दू शाइरी की मशहूर हस्ती मीर तक़ी 'मीर' की पैदाइश सन् 1722 में आगरा (उत्तर प्रदेश) में हुई। महज़ ग्यारह साल की उम्र में उनके सिर से वालिद का साया उठ गया और उन्हें बचपन से ही रोजीरोटी की खोज में जुट जाना पड़ा। वालिद के इन्तिकाल के छह साल बाद 'मीर' रोजगार की तलाश में दिल्ली आ गये, जहां उनकी मुलाक़ात बादशाह के एक दरबारी समसामुद्दौला से हुई, जिन्होंने 'मीर' को बादशाह से एक रुपया रोजाना वज़ीफ़े के रूप में दिलवाने का बंदोबस्त कर दिया। लेकिन ऐसा कुछ ही दिनों तक चल सका क्योंकि सन् 1739 में दिल्ली पर हुए नादिरशाह के आक्रमण में समसामुद्दौला के मारे जाने के बाद 'मीर' को आगरा लौटना पड़ा।

जल्द ही 'मीर' अपने सौतेले भाई के मामू सिराजुद्दीन खां के यहां दिल्ली आ गये, जो फारसी, हिन्दी अरबी, और संस्कृत के विद्वान् और एक मशहूर शायर थे। 'मीर' ने उनसे तालीम लेना शुरू कर दिया। इसके अलावा 'मीर' ने अमरोहा के मशहूर शायर जनाब सैयद असादत अली से शायरी में सीखी।

सन् 1748 में वह मालवा के सूबेदार के बेटे के मुसाहिब नियुक्त हो गये। लेकिन तकदीर को कुछ और ही मंजूर था। सन् 1761 में अहमदशाह अब्दाली ने दिल्ली पर आक्रमण किया, जिससे दिल्ली तबाह हो गयी और 'मीर' का घर उजड़ गया। सन् 1783 में लखनऊ के नवाब आसफुद्दौला के कहने पर 'मीर' गये, जहाँ सन् 1810 में उनका इंतकाल हो गया।

'मीर' की शायरी जहां एक ओर सीधी-सादी है, वहीं उसमें कहीं-कहीं कटुता भी दिखाई देती है। यूं तो 'मीर' की शायरी में उनके आशिकाना मिज़ाज मिलते हैं, लेकिन उन्होंने इसके अलावा भी बहुत-कुछ लिखा है।

'मीर' का नाम आज भी बड़ी शिद्दत से लिया जाता है और आगे भी भविष्य में भी उर्दू अदब की एक रौशन मीनार के रूप में उतने ही शिद्दत के साथ याद किया जाता रहेगा

मुझको शायर न कहो 'मीर' कि साहब मैंने दर्द-ओ-गम कितने किए जम्मा तो दीवान किया 'मीर'

-संपादक

नरेंद्र गोविन्द बहल

narendergovindbehl@gmail.com

प्रकाशकीय

नरेन्द्र गोविन्द बहल उर्दू और हिन्दी कविता में गहन रुचि रखते है जिसके कारण उन्होंने अधिकतर मुशायरों व कवि सम्मेलनों में शिरकत की थी, इन्हीं आयोजनों की वजह से उन्हें साहित्य लेखन का भी शौक पैदा हुआ। लेखक की विभिन्न विषयों पर अब तक 60 से अधिक पुस्तकें प्रकाशित हो चुकी हैं। लालकिले में होने वाले कवि सम्मेलन और मुशायरों से कविता-शायरी के प्रति प्रेम बढ़ा और वहीं से उन्होंने उन्हें कविता लिखना भी प्रारंभ कर दिया था। कविता, गीत, गजल, शायरी को समझने के लिए उर्दू के मशहूर शायरों के जीवन के बारे में जानने के लिए, उर्दू भाषा सीखी।

जब लेखक साहिर लुधियानवी, कैफ़ी आज़मी, जान-ए-सार अख्तर, अली सदार जाफरी, मजाज, नरेश कुमार 'शाद' आदि शायरों से मिले तो उनका पाठकीय दृष्टिकोण बदलने लगा और उन्होंने गालिब, फैज़, जफ्र, दाग आदि रचनाकारों को भी पढ़ना शुरू किया। इन शायरों को पढ़ते हुए लेखक के मन में एक उत्साह पैदा हुआ कि इन शायरों की पुस्तकें संपादित की जाएं। यह पुस्तक भी इसी उत्साह का नतीजा है।

डायमंड बुक्स प्रस्तुत करता है उर्दू के मशहूर शायर और उनकी चुनिंदा शायरी। इस सीरीज़ में नये पुराने शायरों की प्रसिद्ध एवं चुनिंदा शायरी का संकलन प्रकाशित किया है। इस सीरीज की प्रमुख पुस्तकें इस प्रकार हैं :-

फ़ैज़	ग़ालिब	निदा फाजली
क़तील शिफ़ाई	अख़्तर शीरानी	बशीर बद्र
जोश मलिहाबादी	ज़ौक़	बेकल उत्साही
शक़ील बदायूंनी	अकबर इलाहाबादी	परवीन शाकिर
मीर	नज़ीर अकबराबादी	कैफ़ी आज़मी
मोमिन ख़ां 'मोमिन'	फ़िराक़ गोरखपुरी	जॉ निसार अख़्तर
साहिर लुधियानवी	इफ़्तिख़ार आरिफ़	अली काज़मी
मजाज़	मजरुह सुल्तानपुरी	कुँअर बेचैन
इक़बाल	अहमद फराज	माणिक वर्मा
ज़फ़र	दर्द	अली सरदार जाफरी
दाग़	नरेश कुमार शाद	मिर्ज़ां रफ़ी 'सौदा'
अदा जाफरी	मुश्ताक अहमद	असग़ार गोंडवी
शाहिद मीर	मंज़ूर हाशमी	चमन लाल चमन
मुज़फ़्फ़र वारसी	निश्तर ख़ानक़ाही	राम अवतार बैरवा
वसीम बरेलवी	हरिराज सिंह नूर	रामदरश मिश्र
आलम खुर्शीद	अमजद इस्लाम अमजद	महताब हैदर नक़्वी
शहरयार		

मनीष वर्मा

manish@dpb.in

(1)

हम जानते तो इश्क़ न करते किसू के साथ

ले जाते दिल को ख़ाक में इस आरज़ू[1] के साथ

था अक्स उस की क़ामते दिलकश[2] का बाग़ में

आंखें चली गयी हैं लगी आब जू[3] के साथ

नाज़ां[4] हो उसके सामने क्या गुल[5] खिला हुआ

रखता है लुत्फ़ै नाज़[6] भी रू ए निकू[7] के साथ

हम ज़र्द काहे ख़ुश्क[8] से निकले हैं ख़ाक से

बालीदगी[9] न ख़ल्क़[10] हुई इस नुमू[11] के साथ

---

1. कामना 2. मनमोहक 3. बहता पानी 4. गर्वित 5. फूल 6. सौन्दर्याभिमान का आनन्द 7. सुन्दर मुखड़ा 8. सूखी घास 9. उपज 10. निर्माण 11. बढ़ना।

(2)

हमने जाना था सुख़न[1] होंगे जुबां[2] पर कितने

पर क़लम हाथ जो आयी लिखे दफ़्तर कितने

मैंने उस क़त्अ ए सन्नाअ[3] से सर खींचा है

कि इर इक कूचे में जिसके थे हुनरवर[4] कितने

आह निकली है ये किसकी हवस ए सैरे बहार[5]

आते हैं बाग़ में आवारा हुए पर कितने

देखियो पंजा ए मिझगां[6] की टुक आतशदस्ती[7]

हर सहर[8] ख़ाक में मिलते हैं दुरे तर[9] कितने

उम्र गुज़री कि नहीं दूदा ए आदम[10] से कोई

जिस तरफ़ देखिये अर्सें[11] में हैं अब ख़र[12] कितने

तू है बेचारा गदा[13] 'मीर' तेरा क्या मज़्कूर[14]

मिल गये ख़ाक में यां साहब अफ़सर[15] कितने

---

1. बोल 2. जीभ 3. कारीगरों के रहने का स्थान 4. कलाकार 5. बहार में सैर करने की इच्छा 6. पलकों का पंजा 7. अत्याचार 8. सुबह 9. आंसू 10. आदम का ख़ानदान 11. संसार 12. गधा 13. फ़क़ीर 14. चर्चा 15. ओहदेदार।

(3)

हमारे सामने तेरा जब किसू ने नाम लिया

दिले सितमज़दा[1] को हमने थाम-थाम लिया

ख़राब रहते थे मस्जिद के आगे मैख़ाने

निगाहे मस्त ने साक़ी की इन्तिक़ाम लिया

वो कज रविश[2] न मिला रास्ते में[3] मुझसे कभी

न सीधी तरह से उन ने मेरा सलाम लिया

मेरे सलीके से मेरी निभी मुहब्बत में

तमाम उम्र मैं नाकामियों से काम लिया

अगर्चे गोशागुज़ीं[4] हूं मैं शाइरों में 'मीर'

प मेरे शोर ने रू ए ज़र्मीं[5] तमाम लिया

---

(4)

हर ज़ीहयात[1] का है सबब जो हयात का

निकले है जी ही उसके लिए क़ाइनात[2] का

बिखरी है ज़ुल्फ़ उस रुखे आलमफ़रोज़[3] पर

वरना बनाव होवे न दिन और रात का

उसके फ़रोग़े हुस्न[4] से झमके है सब में नूर[5]

शम ए हरम[6] हो या कि दिया सोमनात का

क्या मीर तुझको नामासियाही[7] का फ़िक्र है

ख़त्मे रस्ल-सा[8] शख़्स है ज़ामिन[9] निजात[10] का

---

1. प्राणी 2. सृष्टि 3. सृष्टि को अपनी रौशनी से चमका देने वाला मुखड़ा 4. सौन्दर्य का उजाला 5. रौशनी 6. काबे का दिआ 7. कर्मपत्र की कालिख 8. अन्तिम रसूल 9. ज़मानत देने वाला 10. मुक्ति।

(5)

हस्ती[1] अपनी हुबाब[2] की-सी है

ये नुमाइश सराब[3] की-सी है

नाज़ुकी उसके लब[4] की क्या कहिये

पंखुड़ी इक गुलाब की-सी है

बार-बार उसके दर पे जाता हूं

हालत अब इज़्तिराब[5] की-सी है

मैं जो बोला कहा कि ये आवाज़

उसी ख़ानाख़राब[6] की-सी है

'मीर' उन नीमबाज़[7] आंखों में

सारी मस्ती शराब की-सी है

---

1. अस्तित्व 2. बुलबुला 3. मरीचिका 4. होठ 5. बेचैनी 6. बरबाद 7. अधखुली।

(6)

हाथ से तेरे अगर मैं नातवां[1] मारा गया

सब कहेंगे ये कि क्या इक नीमजां[2] मारा गया

वस्ल ओ हिज्रां[3] ये जो दो मंज़िल[4] हैं राहे इश्क़[5] की

दिले ग़रीब इनमें ख़ुदा जाने कहां मारा गया

दिल ने सर खेंचा दयारे इश्क़[6] में ऐ बुलहवस[7]

वो सरापा आरज़ू[8] आख़िर जवां मारा गया

कब नियाज़े इश्क़[9] नाज़े हुस्न[10] से खींचे है हाथ

आख़िर-आख़िर 'मीर' सर बर आस्तां[11] मारा गया

---

(7)

है आग का-सा नाल-ए-काहिश फ़िज़ा[1] का रंग

कुछ और सुबह दम से हुआ है हवा का रंग

देखे इधर तो मुझ से न यूं आंख वह छुपाये

ज़ाहिर है मेरे मुंह से मेरे मुद्दआ[2] का रंग

किस बेगुनाह[3] के ख़ूं[4] में तेरा पड़ गया है पांव

होता नहीं है सुर्ख़[5] तो ऐसा हिना[6] का रंग

गुल[7] पैरहन न चाक[8] करें क्योंकि रश्क[9] से

किस मर्तबे में[10] शोख़[11] है उसकी क़बा[12] का रंग

पूछे हैं वज्हे गिरिया ए ख़ूनी[13] जो मुझसे लोग

क्या देखते नहीं हैं सब उस बेवफ़ा का रंग

मक़्दूर[14] तक न गुज़रे मेरे ख़ूं से यार 'मीर'

ग़ैरों से क्या गिला[15] है ये है आश्ना[16] का रंग

---

1. कष्ट देने वाला आर्तनाद 2. उद्देश्य 3. निरपराध 4. लहू 5. लाल 6. मेहंदी 7. फाड़ना 8. फूल 9. ईर्ष्या 10. अधिक 11. तेज़ 12. कपड़े 13. ख़ून के आंसू बहाने का कारण 14. सम्भव 15. शिकायत 16. परिचित।

(8)

है इश्क़ में सब्र[1] नागवारा[2]

फिर सब बिन और क्या है चारा

यूं बात करे है मेरे ख़ूं की

गोया[3] नहीं उसने मुझको मारा

देखो हो तो दूर भागते हो

कुछ पास नहीं तुम्हें हमारा

था किसको दिमाग़े बाग़[4] उस बिन

बुलबुल ने बहुत मुझे पुकारा

जब जी से गुज़र गये हम 'मीर'

उस कूचे[5] में तब हुआ गुज़ारा

---

1. धैर्य 2. बुरा लगना 3. मानो 4. बाग़ में जाने की इच्छा 5. गली।

(9)

है तहे दिल[1] बुतों[2] का क्या मालूम

निकले परदे से क्या ख़ुदा मालूम

यही जाना कि कुछ न जाना हाय

सो भी इक उम्र में हुआ मालूम

इल्म[3] सब को है कि सब तू है

फिर है अल्लाह कैसा नामालूम

गर्चे तू ही है सब जगह लेकिन

हमको तेरी नहीं है जा[4] मालूम

---

1. दिल की गहराई 2. मूर्ति, प्रेमिका 3. ज्ञान 4. जगह।

(10)

होती है गर्चे कहने से यारो परायी बात

पर हम से तो थंबे न कभू मुंह पर आयी बात

कहते थे उससे मिलिये तो क्या-क्या न कहिये लेक

वो आ गया तो सामने उसके न आयी बात

अब तो हुए हैं हम भी तेरे ढब से आश्रा[1]

वां तूने कुछ कहा कि इधर हमने पायी बात

आलम[2] सियाहख़ाना[3] है किसका कि रोज़ो शब[4]

ये शोर है कि देती नहीं कुछ सुनायी बात

ख़त लिखते-लिखते 'मीर' ने दफ़्तर किये रवां

इफ़राते इशितयाक़[5] ने आख़िर बढ़ायी बात

---

1. परिचित 2. संसार 3. काला घर 4. दिन-रात 5. उत्सुकता की अधिकता।

(11)

अब के बहुत है शोरे बहारां[1] हमको मत ज़ंजीर करो

दिल से हवस[2] टुक हम भी निकालें धूमें हमको मचाने दो

अरसा[3] कितना सरे जहां[4] का वहशत[5] पर जो आ जावें

पांव तो हम फैला देंगे, पर फुर्सत हमको पाने दो

क्या जाता है इसमें हमारा चुपके हम तो बैठे हैं

दिल जो समझना था सो समझा, नासेह[6] को समझाने दो

बात बनाना मुश्किल-सा है, शे'र सभी यां कहते हैं

फ़िक्रे बलन्द[7] से यारों को इक ऐसी ग़ज़ल कहलाने दो

---

1. बहारों का शोर 2. लोलुपता 3. अवधि 4. संसार 5. पागलपन 6. उपदेशक 7. उच्च कल्पना।

(12)

अब तो चुप लग गयी है हैरत[1] से

फिर खुलेगी ज़ुबान जब की बात

नुक्ता दानाने रफ़्ता[2] की न कहो

बात वो है जो होवे अब की बात

किसका रू ए सुख़न[3] नहीं है इधर

है नज़र में हमारी सब की बात

ज़ुल्म है क़हर[4] है क़यामत[5] है

गुस्से में उसके ज़ेरे लब[6] की बात

---

1. आश्चर्य 2. कला मर्मज्ञ 3. सम्बोधन 4. विपत्ति 5. प्रलय 6. होठों ही होठों में।

(13)

अल्लाह रे अन्दलीब[1] की आवाज़े दिलख़राश[2]

जी ही निकल गया जो कहा उन ने हाय गुल

मक़्दूर[3] तक शराब से रख अंखड़ियों में रंग

ये चश्मके प्याला[4] है साक़ी हवा ए गुल[5]

बुलबुल हज़ार जी से ख़रीदार उसकी है

ऐ गुलफ़रोश[6] करियो समझकर बहा ए गुल[7]

गुलचर्ीं[8] समझ के चुनियो कि गुलशन में 'मीर' के

लख़्ते जिगर[9] पड़े हैं नहीं बर्ग हाए गुल[10]

---

1. बुलबुल 2. दिल को चीर देने वाली आवाज़ 3. साहस 4. प्याले का इशारा 5. फूल की इच्छा 6. फूल बेचने वाला 7. फूल का मूल्य 8. फूल तोड़ने वाला 9. जिगर का टुकड़ा 10. फूल की कलियां।

(14)

अल्लाह रे गुरूर ए नाज़[1] तेरा

मुतलक़[2] नहीं हमसे साज़[3] तेरा

हमसे कि तुझी को जानते हैं

जाता नहीं एहतेराज़[4] तेरा

मिल जिनसे शराब तू पिये है

कह देते हैं वो ही राज़[5] तेरा

कुछ इश्क़ ओ हवस[6] में फ़र्क भी कर

किधर है वो इम्तियाज़[7] तेरा

कहते न थे 'मीर' मत कुढ़ा कर

दिल हो न गया गुदाज़[8] तेरा

---

1. घमण्ड 2. बिल्कुल 3. मेल 4. हस्तक्षेप 5. भेद 6. प्रेम और लोलुपता 7. अन्तर 8. कोमल।

(15)

आग-सा तू जो हुआ ऐ गुले तर[1] आन[2] के बीच

सुब्ह की बाव[3] ने क्या फूंक दिया कान के बीच

हाल गुलज़ारे ज़माना[4] का है जैसे कि शफ़क़[5]

रंग कुछ और ही हो जाए है इक आन के बीच

ताक[6] की छांव में जूं मस्त पड़े सोते हैं

ऐंडती हैं निगहें[7] साया ए मिज़शगान[8] के बीच

हम न कहते थे कहीं जुल्फ़[9] कहीं रुख़[10] न दिखा

इक ख़िलाफ़[11] आया न हिन्दू ओ मुसलमान के बीच

बावजूद ए मिलकियत[12] न मलक[13] में पाया

वो तक़द्दुस[14] कि जो है हज़रते इंसान[15] के बीच

जैसी इज़्ज़त मेरी दीवां[16] में अमीरों के हुई

वैसी ही उनकी भी होगी मेरे दीवान के बीच

घर में आईने के कब तक तुम्हें नाज़ां[17] देखूं

कभी तो आओ मेरे दीद ए हैरान[18] के बीच

---

1. ताज़ा फूल 2. क्षण 3. प्रातःकाल की हवा 4. बाग़रूपी संसार 5. अरुणिमा 6. अंगूर की बेल 7. दृष्टि 8. पलकों का साया 9. बालों की लट 10. चेहरा 11. विरोध 12. फ़रिश्तापन के बाद भी 13. फ़रिश्ता 14. पवित्रता 15. मानव 16. ग़ज़लों का संग्रह 17. नाज़ करते हुए 18. आश्चर्य में डूबी हुई आंखें।

(16)

आजकल बेक़रार[1] हैं हम भी

बैठ जा चलने हार हैं हम भी

आन में कुछ हैं, आन में कुछ हैं

तोहफ़ा ए रोज़गार[2] हैं हम भी

मना' ए गिरिया[3] न कर तू ऐ नासेह[4]

इसमें बेइख़्तियार[5] हैं हम भी

मुद्दई[6] को शराब[7] हमको ज़ह

आक़बत[8] दोस्तदार[9] हैं हम भी

गर ज़ख़ुद रफ़्ता[10] है तेरे नज़्दीक[11]

अपने तो यादगार हैं हम भी

'मीर' नाम इक जवां सुना होगा

उसी आशिक़[12] के यार[13] हैं हम भी

---

1. बेचैन 2. दुनिया की भेंट 3. रोने से मना करना 4. उपदेशक 5. बरबस 6. प्रतिवादी 7. भागीदार 8. अन्ततः 9. मित्र 10. बेसुध 11. निकट 12. प्रेमीजन 13. मित्र।

(17)

आज हमें बेताबी[1] सी की सब्र[2] की दिल से रुख़्सत[3] थी

चारों ओर निगह करने में आलम-आलम[4] हसरत[5] थी

बदनामी क्या इश्क़ की कहिये रुस्वाई[6] सीरुस्वाई है

सहरा-सहरा[7] वहशत[8] भी थी दुनिया-दुनिया तुह्मत[9] थी

राह की कोई सुनता न था यां रस्ते में मानिन्दे जरस[10]

शोर-सा[11] करते जाते थे हम बात की किसको ताक़त थी

जो उठता है यां से बगूला हम-सा है आवारा कोई

इस वादी[12] में 'मीर' मगर सरगश्ता[13] किसू की तुरबत[14] थी

---

1. बेचैनी 2. धीरज 3. विदाई 4. संसार 5. इच्छा 6. बदनामी 7. जंगल 8. पागलपन 9. आरोप 10. कारवां की घण्टियों की आवाज़ की भांति 11. कोलाहल 12. घाटी 13. आवारा 14. क़ब्र।

(18)

आ जायें हम नज़र जो कोई दम बहुत है यां

मुहलत हमें बसाने शरर[1] कम बहुत है यां

हासिल[2] है क्या सिवा ए तराई के दह[3] में

उठ आसमां[4] तले से कि शबनम[5] बहुत है यां

इस बुतक़दे[6] में माना[7] का किससे करें सवाल

आदम नहीं है सूरते आदम बहुत है यां

आलम[8] में लोग मिलने की गों अब नहीं रहे

हरचन्द[9] ऐसा-वैसा तो आलम बहुत है यां

मेरे हलाक[10] करने का गम है अबस[11] तुम्हें

तुम शाद[12] ज़िन्दगानी करो गम बहुत है यां

शायद कि काम सुबह तक अपना खिंचे न 'मीर'

अहवाल[13] आज शाम से दरहम[14] बहुत है यां

---

1. चिनगारी की भांति 2. प्राप्त 3. संसार 4. आकाश 5. ओस 6. मन्दिर 7. आशय 8. संसार 9. यद्यपि 10. क़त्ल 11. व्यर्थ 12. प्रसन्न 13. हाल 14. अस्त-व्यस्त।

(19)

आती है ख़ून की बू दोस्ती ए यार के बीच

जी लिये उन ने हज़ारों के यूं ही प्यार के बीच

किसकी ख़ूबी[1] के तलबगार[2] हैं इज्जते तलबा[3]

ख़िर्के[4] बिकने को चले आते हैं बाज़ार के बीच

तौबा सद बार[5] कि मस्ती में पिरो डाले हैं

दाने तस्बीह[6] के मैं रिश्ता ए जुन्नार[7] के बीच

आर्ज़ूमन्द[8] है खुरशीद[9] मयस्सर[10] है कहां

कि तुनुक[11] ठहरे तेरे साया ए दीवार के बीच

मिल गया फूलों में इस रंग से करते हुए सैर

कि तअम्मुल[12] किसे पाया उस गुलज़ार[13] के बीच

---

1. अच्छाई 2. इच्छुक 3. प्रतिष्ठा के अभिलाषी 4. कपड़े 5. सौ बार 6. जपमाला 7. जनेऊ के धागे
8. इच्छुक 9. सूरज 10. उपलब्ध 11. थोड़ा-सा 12. झिझक 13. बाग़।

(20)

आराम हो चुका मेरे जिस्मे नज़ार[1] को

रक्खे ख़ुदा जहां में दिले बेक़रार को

पानी पे जैसे ग़ुंचा ए लाला[2] फिरे बहा

देखा मैं आंसुओं में दिले दाग़दार[3] को

हंसता ही मैं फिरूं जो मेरा कुछ हो इख़्तियार[4]

पर क्या करूं मैं दीदा ए बेइख़्तियार[5] को

किस-किसकी ख़ाक अब के मिलानी है ख़ाक में

जाती है फिर नसीम[6] उसी रहगुज़ार[7] को

ऐ वो कोई जो आज पिये है शराबे ऐश[8]

ख़ातिर[9] में रखिये कल के भी रंज ओ ख़ुमार[10] को

---

1. कमज़ोर शरीर 2. लाला की कली 3. दाग़ों से भरा हृदय 4. अधिकार 5. जिन आंखों पर अधिकार न हो 6. हवा 7. रास्ता 8. विलास की शराब 9. हृदय 10. दुःख और नशा।

(21)

इधर से अब्र[1] उठकर जो गया है
हमारी ख़ाक पर भी रो गया है

मसाइब[2] और थे पर दिल का जाना
अजब इक सानिहा-सा[3] हो गया है

मुक़ामिर ख़ाना ए आफ़ाक़[4] वो है
कि जो आया है यां कुछ खो गया है

सिरहाने 'मीर' के कोई न बोलो
अभी टुक रोते-रोते सो गया है

---

1. बादल 2. मुसीबतें 3. दुर्घटना 4. संसार का जुआघर।

(22)

इश्क़[1] में ऐ हमरिहां[2] कुछ तो किया चाहिए

गिरिया ओ शोरो फुगां[3] कुछ तो किया चाहिए

हाथ रखे हाथ पर बैठे हो क्या बेख़बर[4]

चलने को है कारवां[5] कुछ तो किया चाहिए

क्या करूं दिल ख़ू करूं शे'र ही मौज़ूं[6] करूं

चलती है अब तक जुबां कुछ तो किया चाहिए

ये तो दोस्ती नहीं हम से जो तुम को रही

पासे दिल[7] ऐ दोस्तां[8] कुछ तो किया चाहिए

'मीर' नहीं पीर[9] तुम काहिली अल्लाह रे

नामे ख़ुदा हो जवां कुछ तो किया चाहिए

---

1. प्यार 2. मित्रों 3. आंसू और चीख-पुकार 4. निश्चिन्त 5. काफ़िला 6. प्रासंगिक 7. दिल का आदर
8. मित्रों 9. पहुंचा हुआ सन्त।

(23)

इश्क़ में जी को सब्र ओ ताब[1] कहां

उससे आंखें लगीं तो ख़्वाब[2] कहां

हस्ती[3] अपनी है बीच में परदा

हम न होवें तो फिर हिजाब[4] कहां

गिरिया ए शब[5] से सुर्ख़ हैं आंखें

मुझ बलानोश[6] को शराब कहां

इश्क़ है आशिकों के जलने को

ये जहन्नुम[7] में है अज़ाब[8] कहां

इश्क़ का घर है 'मीर' से आबाद

ऐसे फिर ख़ानमां ख़राब[9] कहां

---

1. धैर्य और साहस 2. स्वप्न 3. अस्तित्व 4. परदा 5. रात को रोना 6. बहुत पीने वाला 7. नरक 8. नारकीय पीड़ा 9. जिसका घर बरबाद हो चुका हो।

(24)

इश्क़ में ने ख़ौफ़ ओ ख़तर[1] चाहिए

जान देने को जिगर[2] चाहिए

क़ाबिले आगोशे सितम दीदगां[3]

अश्क-सा[4] पाकीज़ा[5] गुहर[6] चाहिए

कम है शनासा ए ज़र दाग़े दिल[7]

इसके परखने को नज़र चाहिए

शर्त सलीक़ा[8] है हर इक अम्र[9] में

ऐब[10] भी करने को हुनर[11] चाहिए

ख़ौफ़ क़यामत का यही है कि 'मीर'

हमको जिया बारे दिगर[12] चाहिए

---

1. भय 2. साहस 3. अन्याय सहने वालों की गोद के योग्य 4. आंसू 5. पवित्र 6. मोती 7. दिल के दाग़ की दौलत को परखने वाला 8. ढंग 9. काम 10. दुर्गुण 11. गुण 12. दूसरी बार।

(25)

उम्र-भर हम रहे शराबी से

दिले पुरख़ूं[1] की इक गुलाबी[2] से

जी ढहा जाये है सहर से आह

रात गुज़रेगी किस ख़राबी से

खिलना कम-कम कली ने सीखा है

उसकी आंखों की नीमख़्वाबी[3] से

काम थे इश्क़ में बहुत पर 'मीर'

हम ही फ़ारिग़[4] हुए शिताबी[5] से

---

1. ख़ून से भरा हुआ दिल 2. शराब 3. अर्धनिद्रा की दशा 4. निवृत्त 5. जल्दी।

(26)

उलटी हो गयीं सब तदबीरें कुछ न दवा ने काम किया

देखा इस बीमारी-ए-दिल ने आख़िर काम तमाम किया

अह्दे जवानी[1] रो-रो काटा, पीरी[2] में लीं आंखें मूंद

यानी रात बहुत थे जागे, सुबह हुई आराम किया

नाहक़ हम मज्बूरों पर ये तुह्मत[3] है मुख़्तारी[4] की

चाहते हैं सो आप करे हैं, हमको अबस[5] बदनाम किया

किसका का'बा, कैसा क़िब्ला[6], कौन हरम[7] है, क्या ऐहराम[8]

कूचे के उसके बाशिन्दों ने सबको यहीं से सलाम किया

यां के सुपैदो सियह में हमको दख़्ल[9] जो है, सो इतना है

रात को रो-रो सुब्ह किया या दिन को जो-तों शाम किया

'मीर' के दीनो मज़हब को अब पूछते क्या हो, उनने तो

क़श्का[10] खेंचा, दैर[11] में बैठा, कब का तर्क[12] इस्लाम किया

---

1. जवानी का ज़माना, 2. बुढ़ापा 3. आरोप 4. स्वाधीनता 5. व्यर्थ 6. का'बा 7. मस्जिद 8. हज करते समय पहने जाने वाले विशेष वस्त्र 9. हस्तक्षेप 10. तिलक 11. मन्दिर 12. सम्बन्ध विच्छेद करना।

(27)

उसका ख़िराम[1] देख के जाया न जायेगा

ऐ कबक[2] फिर बहाल[3] भी जाया न जायेगा

हम कुश्तगाने इश्क़[4] हैं अबरू[5] ओ चश्मे यार[6]

सर से हमारे तेग़ का साया न जायेगा

हम रहरवाने राहे फ़ना[7] हैं बरंगे उम्र[8]

जावेंगे ऐसे खोज भी पाया न जायेगा

अब देख ले कि सीना भी ताज़ा हुआ है चाक[9]

फिर हमसे अपना हाल दिखाया न जायेगा

हम बेख़ुदाने महफ़िले तस्वीर[10] अब गये

आइन्दा[11] हमसे आप में आया न जायेगा

याद उसकी इतनी खूब नहीं 'मीर' बाज़ आ[12]

नादान फिर वो जी से भुलाया न जायेगा

---

1. चाल 2. चकोर 3. पूर्ववत 4. प्रेम में मारे हुए 5. भर्वें 6. प्रिय के नेत्र 7. मृत्यु पथ के पथिक 8. आयु की भांति 9. ज़ख़्मी 10. मूर्तियों की भांति निश्चेष्ट 11. भविष्य में 12. संभल जा।

(28)

उसके ईफ़ा ए अह्द[1] तक न जिये

उम्र ने हमसे बेवफ़ाई की

वस्ल[2] के दिन की आर्ज़ू[3] ही रही

शब[4] न आख़िर हुई जुदाई की

इसी तक़रीब[5] इस गली में रह

मिन्नतें[6] हैं शिकस्तापायी[7] की

कासा ए चश्म[8] ले के जूं नर्गिस

हमने दीदार[9] की गदाई[10] की

ज़ोरो ज़र[11] कुछ न था तो बारे 'मीर'

किस भरोसे पर आश्नाई[12] की

---

1. वचन पूरा होने तक 2. मिलन 3. कामना 4. रात 5. उत्सव 6. एहसान 7. टूटे हुए पांव 8. आंखरूपी प्याला 9. दर्शन 10. फ़क़ीरी 11. शक्ति और धन 12. मुहब्बत।

(29)

उसके कूचे से जो उठ अहले वफ़ा[1] जाते हैं

ता नज़र काम करे[2] रू ब क्फ़ा[3] जाते हैं

मुत्तसिल[4] रोते ही रहिये, तो बुझे आतिशे दिल[5]

एक-दो आंसू तो और आग लगा जाते हैं

वक़्त ख़ुश[6] उनका जो हमबज़्म[7] हैं तेरे, हम तो

दर ओ दीवार[8] को अह्वाल[9] सुना जाते हैं

एक बीमारे जुदाई[10] हूं, मैं आप ही तिस पर

पूछने वाले जुदा[11] जान को खा जाते हैं

---

1. वफ़ादार 2. जहां तक दृष्टि जाये 3. पीछे मुड़कर देखते हुए 4. निरन्तर 5. हृदयाग्नि 6. अच्छा समय
7. साथ में 8. दरवाज़ा और दीवार 9. हालत 10. विरह रोगी 11. अलग।

(30)

ऐ दोस्त कोई मुझ-सा रुस्वा[1] न हुआ होगा

दुश्मन के भी दुश्मन पर ऐसा न हुआ होगा

इस कुह्ना ख़राबे[2] में आबादी न कर मुन्इम[3]

यक शहर नहीं यां जो सहरा[4] न हुआ होगा

आंखों से तेरी हमको है चश्म[5] कि अब होवे

जो फ़ित्ना[6] कि दुनिया में बरपा[7] न हुआ होगा

जुज़[8] मर्तबा ए कुल[9] को हासिल करे है आख़िर

यक क़तरा न देखा जो दरिया न हुआ होगा

---

1. बदनाम 2. पुराना खण्डहर 3. धनवान 4. जंगल 5. आशा 6. उपद्रव 7. उत्पन्न 8. टुकड़ा 9. पूर्णता का स्थान।

(31)

ऐ नुकीले ये थी कहां की अदा
खब गयी जी में तेरी बांकी अदा

जादू करते हैं इक निगाह के बीच
हाय रे चश्मे दिलबरां[1] की अदा

बात कहने में गालियां दे है
सुनते हो मेरे बदज़ुबां[2] की अदा

ख़ाक में मिल के 'मीर' हम समझे
बेअदाई[3] थी आसमां की अदा

---

1. माशूक की आंखें 2. कटुभाषी 3. उपेक्षा।

(32)

ऐ बू ए गुल[1] समझ के महकियो पवन के बीच

ज़ख़्मी पड़े हैं मुर्ग़[2] हज़ारों चमन के बीच

सुथराई और नाज़ुकी[3] गुलबर्ग[4] की दुरुस्त[5]

पर वैसी बू[6] कहां कि जो है उस बदन के बीच

या साथ ग़ैर के है तुम्हें वैसी बातचीत

सौ-सौ तरह के लुत्फ़[7] है इक-इक सुख़न[8] के बीच

या पास मेरे लगती है चुप ऐसी आन कर

गोया जुबां नहीं है तुम्हारे दहन[9] के बीच

फ़रहाद ओ क़ैस[10] ओ ‘मीर’ ये आवारगाने इश्क़

यूं ही गये हैं, सबकी रही मन की मन के बीच

---

1. फूल की सुगन्ध 2. पक्षी 3. कोमलता 4. फूल की पत्ती 5. ठीक 6. गन्ध 7. बोल 8. मुंह 9. मजनूं
10. आवारा प्रेमी।

(33)

ऐ हुब्बे जाह[1] वालो जो आज ताजवर[2] है

कल उसको देखियो तुम नै ताज है न सर है

अब की हवा ए गुल में सेराबी[3] है निहायत[4]

जूए चमन[5] पे सब्ज़ा मिज़शगाने चश्मे तर[6] है

शम्ए अख़ीरे शब[7] हूं सुन सरगुज़श्त[8] मेरी

फिर सुब्ह होते तक तो क़िस्सा ही मुख़्तसर[9] है

अब फिर हमारा-उसका महशर[10] में माजरा[11] है

देखें तो उस जगह क्या इंसाफ़े दादगर[12] है

आफ़त रसीदा[13] हम क्या सर खेंचें[14] इस चमन में

जूं नख़्ले ख़ुश्क[15] हमको नै साया नै समर[16] है

---

1. प्रतिष्ठा के लोभी 2. मुकुटधारी 3. तृप्ति 4. बहुत 5. बाग़ में बहने वाला पानी 6. भीगी हुई आंखों की पलकें 7. अन्तिम रात का दीपक 8. कहानी 9. संक्षिप्त 10. प्रलय 11. घटना 12. न्यायकर्ता का न्याय 13. मुसीबत में 14. सर उठाना 15. सूखे हुए वृक्ष की भांति 16. फल।

(34)

क़द्र[1] रखती न थी मता ए दिल[2]

सारे आलम[3] में मैं दिखा लाया

दिल कि यकक़तरा[4] ख़ूं नहीं है बेश[5]

एक आलम के सर बला[6] लाया

दिल मुझे उस गली में ले जाकर

और भी ख़ाक में मिला लाया

इब्तिदा[7] ही में मर गये सब यार

इश्क़ की कौन इन्तिहा[8] लाया

अब तो जाते हैं बुतक़दे से 'मीर'

फिर मिलेंगे अगर ख़ुदा लाया

---

1. मूल्य 2. दिल की दौलत 3. संसार 4. बूंद-भर 5. अधिक 6. मुसीबत 7. आरम्भ 8. अंजाम।

(35)

क्या मुसीबतज़दा[1] दिल माइले आज़ार[2] न था

कौन से दर्दो सितम का ये तरफ़दार न था

आदमे ख़ाक़ी[3] से आलम को जिला[4] है वरना

आईना था ये वले[5] क़ाबिले दीदार[6] न था

धूप में जलती हैं ग़ुर्बत वतनों[7] की लाशें

तेरे कूचे में मगर साया ए दीवार[8] न था

रात हैरान हूं कुछ चुप ही मुझे लग गयी 'मीर'

दर्द पिन्हां[9] थे बहुत, पर लबे इज़हार[10] न था

---

1. पीड़ित 2. दुखी से प्रेम करने वाला 3. मिट्टी का पुतला, इंसान 4. चमक 5. लेकिन 6. देखने योग्य
7. परदेसियों 8. दीवार की छाया 9. छिपी हुई पीड़ा 10. कहने की शक्ति।

(36)

करते हैं गुफ़्तगू[1] सहर[2] उठकर सबा[3] से हम

लड़ने लगे हैं हिज्र[4] में उसके हवा से हम

होता न दिल का ता[5] ये सरअंजाम[6] इश्क़ में

लगते ही जी के मर गये होते बला से हम

दाग़ों ही से भरी रहे छाती तमाम उम्र

ये फूल-गुल चुना किये बाग़ो वफ़ा से हम

ग़ाफ़िल[7] न अपनी दीदादराई[8] से हमको जान

सब देखते हैं पर नहीं कहते हया[9] से हम

---

1. बातें 2. सुबह 3. हवा 4. विरह 5. तक 6. नतीजा 7. असावधान 8. निर्लज्जता 9. शर्म।

(37)

कल चमन में गुल ओ समन[1] देखा

आज देखा तो बाग़ बन देखा

क्या है गुलशन[2] में जो क़फ़स[3] में नहीं

आशिकों का जिला वतन देखा

घर के घर जलते थे पड़े तेरे

दाग़े दिल देखे सो चमन देखा

एक चश्मक[4] दोसद[5] सिनाने मिज़ा[6]

उस नुकीले का बांकपन देखा

हसरत[7] उसकी जगह थी ख़्वाबीदा[8]

'मीर' का खोलकर कफ़न देखा

---

1. गुलाब और चमेली 2. उपवन 3. पिंजरा 4. इशारा 5. सैकड़ों 6. पलकों की बर्छियां 7. निराशा 8. सोई हुई।

(38)

क़सद[1] गर इम्तिहान है प्यारे

अब तलक नीम जान[2] है प्यारे

सज्दा[3] करने में सर कटे है जहां

सो तेरा आस्तान[4] है प्यारे

गुफ़्तगू[5] रेख़्ते[6] में हमसे न कर

ये हमारी जुबान है प्यारे

छोड़ जाते हैं दिल को तेरे पास

ये हमारा निशान है प्यारे

'मीर' अमदन[7] भी कोई मरता है

जान है तो जहान है प्यारे

---

1. इरादा 2. अर्धजीवित 3. माथा टेकना 4. चौखट 5. बातचीत 6. उर्दू 7. जान-बूझकर।

(39)

कहियो क़ासिद[1] जो वो पूछे हमें क्या करते हैं

जान ओ ईमान ओ मुहब्बत को दुआ करते हैं

इश्क़ आतिश[2] भी जो देवे तो न दम मारें[3] हम

शम्ए तस्वीर[4] हैं ख़ामोश[5] जला करते हैं

रुख़सते जुम्बिशे लब[6] इश्क़ की हैरत[7] से नहीं

मुद्दतें गुज़रीं कि हम चुप ही रहा करते हैं

तू परी शीशे से नाज़ुक़[8] है, न कर दावा ए मेह[9]

दिल हैं पत्थर के उन्हों के जो वफ़ा[10] करते हैं

फुर्सते ख़्वाब[11] नहीं ज़िक्रे बुतां[12] में हमको

रात-दिन राम-कहानी-सी कहा करते हैं

ये ज़माना नहीं ऐसा कि कोई ज़ीस्त करे[13]

चाहते हैं जो बुरा अपना भला करते हैं

---

1. सन्देशवाहक 2. आग 3. कुछ कहें 4. शमा की तस्वीर 5. चुपचाप 6. होठ हिलाने की आज्ञा 7. आश्चर्य 8. कोमल 9. मुहब्बत का दावा 10. निर्वाह 11. सोने का अवकाश 12. प्रेमिका की चर्चा 13. ज़िन्दा रहें।

(40)

कहूं सो क्या कहूं ने सब्र ने क़रार है आज

जो इस चमन में ये इक तुर्फा[1] इन्तिशार[2] है आज

सर अपना इश्क़ में हमने भी यूं तो फोड़ा था

पर इसको क्या करें औरों का एतबार है आज

सहर[3] सवाद[4] में चल ज़ोर फूली है सरसों

हुआ है इश्क़ से कुल ज़र्द क्या बहार है आज

सवारी उसकी है सरगर्मे गश्ते दश्त[5] मगर

कि ख़ीरा-तीरा[6] नुमूदार[7] यक गुबार[8] है आज

---

1. अजीब 2. बेचैनी 3. सुबह 4. मैदान 5. जंगल के चक्कर काटने में मगन 6. भयंकर 7. प्रकट 8. धूल।

(41)

का'बे में जां ब लब[1] थे हम दूरि ए बुतां[2] से

आये हैं फिर के यारो अब के ख़ुदा के हां से

तस्वीर के-से ताइर[3] ख़ामोश रहते हैं हम

जी कुछ उचट गया है अब नाला ओ फ़ुग़ां[4] से

जब कौंदती है बिजली तब जानिबे गुलिस्तां[5]

रखती है छेड़ मेरे ख़ाशाके आशियां[6] से

क्या ख़ूबी[7] उसके मुंह की ऐ ग़ुंचा[8] नक़ल करिये

तू तो न बोल ज़ालिम बू आती है दहां[9] से

आंखों ही में रहे हो दिल से नहीं गये हो

हैरान[10] हूं ये शोख़ी[11] आयी तुम्हें कहां से

इतनी भी बदमिज़ाजी[12] हर लहज़ा[13] 'मीर' तुमको

उलझाव है ज़मीं[14] से झगड़ा है आसमां[15] से

---

1. मरणासन्न 2. प्रेमिकाओं से दूरी 3. पक्षी 4. आर्त्तनाद 5. उपवन की ओर 6. घोंसले के तिनके 7. अच्छाई 8. कली 9. मुंह 10. अचम्भे में डूबा हुआ 11. चंचलता 12. चिड़चिड़ापन 13. प्रतिपल 14. धरती 15. आकाश।

(42)

कुछ करो फ़िक्र मुझ दीवाने की

धूम है फिर बहार आने की

वो जो फिरता है मुझसे दूर ही दूर

है ये तक़रीब[1] जी के जाने की

तेज़ यूं ही न थी शब[2] आतिशे शौक़[3]

थी ख़बर गर्म उसके आने की

जो है सो पाएमाले ग़म[4] है 'मीर'

चाल बेडौल है ज़माने की

---

1. कारण 2. रात 3. अभिलाषा की आग 4. दुःखों का मारा हुआ।

(43)

कैसा चमन कि हम से असीरों[1] को मना है

चाके क़फ़स[2] से बाग़ की दीवार देखना

आंखें चुराइयो न टुक अब्रे बहार[3] से

मेरी तरफ़ भी दीद ए ख़ूंबार[4] देखना

सैयाद[5] दिल है दाग़े जुदाई[6] से रश्के बाग़[7]

तुझको भी हो नसीब ये गुलज़ार देखना

गर ज़मज़मा[8] यही है कोई दिन तो हमसफ़ीर[9]

इस फ़स्ल ही में हमको गिरिफ़्तार देखना

शायद हमारी ख़ाक से कुछ हो भी ऐ नसीम[10]

ग़िर्बाल[11] करके कूचा ए दिलदार[12] देखना

---

1. बन्दीजनों 2. पिंजरे की तीलियों के बीच की जगह 3. वसन्त ऋतु का बादल 4. रक्त बहाने वाली आंखें 5. शिकारी 6. विरह का दाग़ 7. बाग़ से भी सुन्दर 8. राग 9. मित्र 10. ठण्डी हवा 11. छलनी 12. प्रेमिका की गली।

(44)

कोफ़्त[1] से जान लब[2] पे आयी है

हमने क्या चोट दिल पे खायी है

दीदनी[3] है शिकस्तगी[4] दिल की

क्या इमारत ग़मों ने ढायी है

बेसुतूं[5] क्या है कोहकन[6] कैसा

इश्क़ की जोर आज़माई है

मर्गे मजनूं[7] से अक़्ल गुम है 'मीर'

क्या दिवाने ने मौत पायी है।

---

1. दुःख 2. होठ 3. देखने योग्य 4. टूटापन 5. एक पर्वत, जिस पर फ़रहाद नहर काटने के लिए चढ़ा था 6. फ़रहाद 7. मजनूं की मौत।

(45)

कोरे दिल[1] उस महे तमाम[2] से है

काहिश[3] इक रोज़ मुझको शाम से है

तुम नहीं फ़ित्नासाज़[4] सच साहिब

शह पुरशोर[5] इस ग़ुलाम से है

कोई तुझ-सा भी काश तुझको मिले

मुद्आ[6] हमको इन्तिक़ाम[7] से है

शे'र मेरे हैं सब ख़्वासपसन्द[8]

पर मुझे गुफ़्तगू[9] अवाम[10] से है

सहल[11] है 'मीर' का समझना क्या

हर सुख़न[12] उसका इक मक़ाम से है

---

1. दिल का काम 2. पूरा चांद 3. कष्ट 4. उपद्रवी 5. शोर से भरा हुआ 6. उद्देश्य 7. बदला 8. ख़ास लोगों की पसन्द 9. बातचीत 10. जन-साधारण 11. आसान 12. बोल।

(46)

क्या मैं भी परेशानी ए ख़ातिर[1] से क़री[2] था

आंखें तो कहीं थीं दिले ग़मदीदा[3] कहीं था

किस रात नज़र की है सू ए चश्मके अंजुम[4]

आंखों के तले अपने तो वो माहजबीं[5] था

आया तो सही वो कोई दम के लिए लेकिन

होठों पे मेरे जब नफ़से बाज़पसीं[6] था

नाम आज कोई यां नहीं लेता है उन्हों का

जिन लोगों के कल मुल्क ये सब ज़ेरे नगीं[7] था

मस्जिद में इमाम[8] आज हुआ आ के वहां से

कल तक तो यही 'मीर' ख़राबातनशीं[9] था

1.दिल की परेशानी 2. निकट 3. दुखी हृदय 4. तारों की चमक की प्रतिद्वन्द्विता 5. चन्द्रमुखी 6. अन्तिम सांस 7. अधीन 8. नमाज़ पढ़ाने वाला 9. मदिरालय में बैठने वाला।

(47)

क्या कहिये कली-सा वो दहन[1] है
इसमें भी जो सोचिये सुख़न[2] है

वाबस्तगी[3] मुझसे शीशा ए जां[4] की
उस संग[5] से है कि दिलशिकन[6] है

क्या सहल गुज़रती है जुनूं[7] से
तोहफ़ा[8] हम लोगों का चलन है

वे बन्दे क़बा[9] खुले थे शायद
सद चाक[10] गुलों का पैरहन है

गह[11] दैर[12] में है गहे हरम[13] में
अपना तो यही दीवानापन है

हम कुश्त ए इश्क़[14] हैं हमारा
मैदान की ख़ाक ही कफ़न है

कर 'मीर' के हाल पे तरह्हुम[15]
वो शहर ग़रीबो बेवतन[16] है

---

1. मुंह 2. बोल 3. सम्बन्ध 4. शीशे-जैसे प्राण वाला 5. पत्थर 6. दिल तोड़ने वाला 7. पागलपन 8. भेंट 9. कपड़े के बन्द 10. सौ टुकड़े 11. कभी 12. मन्दिर 13. मस्जिद 14. प्यार में मारा हुआ 15. दया 16. जिसका कोई देश या शहर न हो।

(48)

क्या कहूं तुमसे मैं कि क्या है इश्क़

जान का रोग है बला है इश्क़

इश्क़ ही इश्क़ है जहां देखो

सारे आलम[1] में भर रहा है इश्क

इश्क़ है तर्ज़ो तौर[2] इश्क़ के तई

कहीं बन्दा, कहीं ख़ुदा है इश्क़

इश्क़ माशूक़, इश्क़ आशिक़ है

यानी अपना ही मुब्तिला[3] है इश्क़

दिलकश[4] ऐसा कहां है दुश्मने जां[5]

मुद्दई[6] है, प मुद्दआ[7] है इश्क़

कौन मक़्सद को इश्क़ बिन पहुंचा

आरज़ू[8] इश्क़, मुद्दआ है इश्क़

---

(49)

क्या कहे हाल कहीं दिलज़दा[1] जाकर अपना

दिल न अपना है मुहब्बत में न दिलबर[2] अपना

यक घड़ी साफ़ नहीं हमसे हुआ यार कभू

दिल भी जूं शीशा ए साअत[3] है मुकदर[4] अपना

उस गुले तर[5] की क़बा[6] के कहीं खोले थे बन्द

रंगो गुलबर्ग[7] के नाख़ुन है मुअत्तर[8] अपना

पेश कुछ आओ[9] यहीं हम तो हैं हर सूरत से

मिस्ले आईना[10] नहीं छोड़ते हम घर अपना

दिल बहुत खींचती है यार के कूचे की ज़मीं

लोहू उस ख़ाक पे गिरना है मुक़र्रर[11] अपना

---

1. टूटे हृदय वाला 2. प्रेयसी 3. समय नापने का पैमाना 4. मलिन 5. ताज़ा फूल 6. पंखुड़ी 7. फूल की पत्ती की भांति 8. सुगन्धित 9. कुछ आगे आओ 10. दर्पण की भांति 11. निश्चित।

(50)

ख़ुदा करे मेरे दिल को टुक इक क़रार[1] आवे

कि ज़िन्दगी तो करूं जब तलक कि यार आवे

कमानें उसकी भवों की चढ़ी ही रहती हैं

न जब तलक सरे तीरे सितम[2] शिकार आवे

हमें तो एक घड़ी गुल बग़ैर दूभर है

ख़ुदा ही जाने कि अब कब तलक बहार आवे

तुम्हारे जौरों[3] से अब हाल जा ए इबरत[4] है

किसू से कहिये तो उसको न एतबार[5] आवे

नहीं है चाह भली इतनी भी दुआ कर 'मीर'

कि अब जो देखूं उसे मैं बहुत न प्यार आवे

---

1. चैन 2. अन्याय के तीर के निशाने पर 3. अत्याचार 4. विद्यालय 5. विश्वास।

(51)

गये जी से छूटे बुतों की जफ़ा से

यही बात हम चाहते थे ख़ुदा से

वो अपनी ही ख़ूबी[1] पे रहता है नाज़ां[2]

मरो या जियो कोई उसकी बला से

पशेमान[3] तौबा से होगा अदम[4] में

कि ग़ाफ़िल[5] चला शैख़ लुत्फ़े हवा[6] से

न रक्खी मेरी ख़ाक भी उस गली में

कुदूरत[7] मुझे है निहायत[8] सबा[9] से

जिगर सू ए मिझगां[10] खिंचा जाये है कुछ

मगर दीदा ए तर[11] हैं लोहू के प्यासे

न शिकवा-शिकायत न हफ़्फ़ों-हिकायत[12]

कहो 'मीर' जी आज क्यों हो ख़फ़ा से

---

1. अच्छाई 2. घमण्डी 3. लज्जित 4. परलोक 5. बेख़बर 6. हवा का आनन्द 7. दिल का मैल 8. बहुत 9. हवा 10. पलकों की ओर 11. भीगे हुए नेत्र 12. बातचीत।

(52)

गये जूं शम्अ[1] उस मजलिस[2] में जितने

सबों पर हाल है रौशन[3] हमारा

बहुत चाहा था अब्रे तर[4] ने लेकिन

न मिन्नतकश[5] हुआ गुलशन हमारा

चमन में हम भी ज़ंजीरी[6] रहे हैं

सुना होगा कभू शेवन[7] हमारा

किया था रेख़्ता[8] परदा सुख़न[9] का

सो ठहरा है यही अब फ़न[10] हमारा

न बहके मैकदे[11] में 'मीर' क्योंकर

गिरव[12] सौ जा[13] है पैराहन[14] हमारा

---

1. चिराग़ की भांति 2. सभा 3. आलोकित 4. पानी से भरा हुआ बादल 5. आभारी 6. बन्दी 7. आर्तनाद, 8. छन्दोबद्ध 9. बातचीत 10. कला 11. मदिरालय 12. गिरवी 13. सौ जगह 14. कपड़े।

(53)

गुल को महबूब[1] हम क़यास[2] किया

फ़र्क़[3] निकला बहुत जो बास[4] किया

दिल ने हमको मिसाले आईना[5]

एक आलम[6] का रूशनास[7] किया

कुछ नहीं सूझता हमें उस बिन

शौक़[8] ने हमको बेहवास[9] किया

सुब्ह तक शम्आ सर को धुनती रही

क्या पतंगे न इल्तिमास[10] किया

ऐसे वहशी[11] कहां हैं ऐ ख़ूबां[12]

'मीर' को तुम अबस[13] उदास किया

---

1. प्रिय 2. कल्पना 3. अन्तर 4. सूंघना 5. दर्पण की भांति 6. संसार 7. परिचित 8. अभिलाषा 9. बेसुध 10. विनय 11. घबराया हुआ 12. माशूक 13. व्यर्थ।

(54)

चमन में गुल ने जो कल दावा ए जमाल[1] किया

जमाले यार[2] ने मुंह उसका ख़ूब लाल किया

फ़लक[3] ने आह तेरी रह में हमको पैदा कर

बरंगे सब्ज़ नव रुस्ता[4] पाएमाल[5] किया

बहारे रफ़्ता[6] फिर आयी तेरे तमाशे को

चमन को युम्ने क़दम[7] ने तेरे निहाल किया

लगा न दिल को कहीं क्या सुना नहीं तूने

जो कुछ कि 'मीर' का इन आशिक़ों ने हाल किया

---

1. सौन्दर्य का दावा 2. माशूक़ का सौन्दर्य 3. आकाश 4. नयी उगी हुई दूब की भांति 5. पैरों से कुचलना 6. गयी हुई बहार 7. क़दमों का शुभ होना।

(55)

चमन यार तेरा हवाख़्वाह[1] है

गुल[2] इक दिल है जिसमें तेरी चाह है

सरापा[3] में उसके नज़र करके तुम

जहां देखो अल्लाह अल्लाह है

तेरी आह किससे ख़बर पाइये

वही बेख़बर है जो आगाह[4] है

चराग़ाने गुल[5] से है क्या रौशनी

गुलिस्तां[6] किसू की क़दमगाह[7] है

ये वो कारवां गाहे दिलकश[8] है 'मीर'

कि फिर यां से हसरत[9] ही हमराह[10] है

---

1. शुभचिन्तक 2. फूल 3. सर से पैरों तक 4. परिचित 5. फूलों के चिराग़ 6. बाग़ 7. क़दम रखने की जगह 8. कारवां ठहरने का सुन्दर स्थान 9. ख्वाहिश 10. संगी-साथी।

(56)

चलते हो, तो चमन को चलिये, कहते हैं कि बहारां है

पात हरे हैं, फूल खिले हैं, कम-कम बादो बारां[1] है

रंग हवा से यूं टपके है, जैसे शराब चुआते हैं

आगे हो मैख़ाने के निकलो अह्दे बादा गुसारां[2] है

कोहकन[3] ओ मजनूं की ख़ातिर दश्त ओ कोह[4] में हम न गये

इश्क़ में हमको 'मीर' निहायत पासे इज़्ज़तदारां[5] है

---

1. हवा और वर्षा 2. शराब पीने वालों का ज़माना 3. फ़रहाद 4. जंगल और पहाड़ 5. प्रतिष्ठित लोगों का मान।

(57)

ज़ख़्मों पे ज़ख़्म झेले दाग़ों पे दाग़ खाये

यक क़तरा[1] खूने दिल[2] ने क्या-क्या सितम[3] उठाये

बढ़ती नहीं पलक से ता हम तलक भी पहुंचे

फिरती हैं वो निगाहें पलकों के साये-साये

पर की बहार में जो महबूब जल्वागर[4] थे

सो गर्दिशे फ़लक[5] ने सब ख़ाक में मिलाये

हर क़त्अ ए चमन[6] पर टुक गाड़कर नज़र कर

बिगड़ी हज़ार शक्लें तब फूल ये बनाये

आगे भी तुझसे था यां तस्वीर का-सा आलम[7]

बेदर्दि ए फ़लक[8] ने वो नक़्श[9] सब मिटाये

---

1. एक बूंद 2. दिल के रक्त से 3. अत्याचार 4. प्रत्यक्ष 5. आकाश का चक्कर 6. बाग़ का हिस्सा 7. हालत 8. आकाश की निर्दयता 9. निशान।

(58)

जब जुनूं[1] से हमें तवस्सुल[2] था
अपनी ज़ंजीरे पा[3] ही का गुल[4] था

बिस्तरा था चमन में जूं बुलबुल
नाला[5] सरमायए तवक्कुल[6] था

यक निगह[7] को वफ़ा न की गोया
मौसमे गुल[8] सफ़ीरे बुलबुल[9] था

उनने पहचानकर हमें मारा
मुंह न करना इधर तजाहुल[10] था

शह में जो नज़र पड़ा उसका
कुश्त ए नाज़[11] या तग़ाफुल[12] था

अब तो दिल को न ताब है न क़रार
यादे अय्याम[13] जब तहम्मुल[14] था

ख़ूब दर्याफ़्त जो किया हमने
वक़्ते ख़ुश[15] 'मीर' नक़्हते गुल[16] था

---

1. पागलपन 2. सहारा 3. पांव की जंजीर 4. शोर 5. आर्तनाद 6. निस्पृहता का धन 7. क्षण-भर को
8. वसन्तु ऋतु 9. बुलबुल की आवाज़ 10. जानकर अनजान बनना 11. सौन्दर्य के अभिमान से ग्रस्त
12. उपेक्षा 13. विगत की स्मृति 14. सहनशीलता 15. अच्छा समय 16. फूलों की सुगन्ध।

(59)

जब नाम तेरा लीजिये तब चशम[1] भर आवे
इस ज़िन्दगी करने को कहां से जिगर[2] आवे

मैख़ाना[3] वो मंज़र[4] है कि हर सुब्ह जहां शैख़
दीवार पे ख़ुरशीद[5] का मस्ती से सर आवे

क्या जानें वो मुर्ग़ाने गिरिफ़्तारे[6] चमन को
जिन तक कि बसद नाज़[7] नसीमे सहर[8] आवे

सन्नअ[9] हैं सब ख़्वार[10] अज़आं जुम्ला[11] हूं मैं भी
है ऐब[12] बड़ा उसमें जिसे कुछ हुनर[13] आवे

---

1. आंखें 2. साहस 3. मदिरालय 4. दृश्य 5. सूर्य 6. बन्दी पक्षी 7. सैकड़ों नख़रों के साथ 8. सुबह की हवा 9. कारीगर 10. अपमानित 11. उनमें से एक 12. दुर्गुण 13. कला।

(60)

जब लग गये झमकने रुख़्सारे यार[1] दोनों

तब मेहर ओ मह[2] ने अपनी आंखें छिपा लियां हैं

सुबहे चमन[3] का जल्वा[4] हिन्दी बुतों में देखा

सन्दल-भरी जबीं[5] है, होठों की लालियां हैं

इन गुलरुख़ों[6] की क़ामत[7] लहके है यूं हवा में

जिस रंग से लचकती फूलों की डालियां हैं

वो दुज़्दे दिल[8] नहीं, तो क्यों देखते ही मुझको

पलकें झुका लियां हैं, आंखें चुरा लियां हैं

चलते हैं ये तो ठोकर लगती है 'मीर' दिल को

चालें ही दिलबरों[9] की सबसे निरालियां हैं

---

1. प्रेमिका के गाल 2. सूरज और चांद 3. बाग़ का सवेरा 4. दर्शन 5. माथा 6. फूल-जैसे चेहरों वाली 7. आकार 8. दिल के चोर 9. प्रेमिका।

(61)

जाये है जी निजात[1] के गम में

ऐसी जन्नत[2] गयी जहन्नुम[3] में

है बहुत जैब चाकी[4] ही जूं सुब्ह

क्या किया जाये फ़ुर्सते कम[5] में

पर के थी बेकली क़फ़स[6] में बहुत

देखिये अब के गुल के मौसम में

बेख़ुदी[7] पर न 'मीर' की जाओ

तुमने देखा है और आलम[8] में

---

1. मुक्ति 2. स्वर्ग 3. नरक 4. गरेबां का फटना 5. कम अवकाश 6. पिंजरा 7. आत्मलीन होना 8. हालत।

(62)

जिस सर को ग़ुरूर आज है यां ताजवरी[1] का
कल उस पे यहीं शोर है फिर नौहागरी[2] का

आफ़ाक़[3] की मंज़िल से गया कौन सलामत
असबाब लुटा राह में यां हर सफ़री[4] का

जिन्दां[5] में भी शोरिश[6] न गयी अपने जुनूं[7] की
अब संग[8] मुदावा[9] है इस आशुफ़्तासरी[10] का

हर ज़ख्मे जिगर दावरे महशर[11] से हमारा
इंसाफ़ तलब है तेरी बेदादगरी[12] का

अपनी तो जहां आंख लड़ी, फिर वहीं देखो
आईने को लपका है परीशां नज़री[13] का

ले सांस भी अहिस्ता कि नाज़ुक है बहुत काम
आफ़ाक की इस कारगहे शीशागरी[14] का

टुक मीर जिगर सोख़्ता[15] की जल्द ख़बर ले
क्या यार भरोसा है चिराग़ो सहरी[16] का

---

1. बादशाहत 2. मातम करना 3. संसार 4. यात्री 5. बन्दीगृह 6. अशान्ति 7. उन्माद 8. पत्थर 9. उपचार 10. बदहवासी 11. क़यामत के दिन न्याय करने वाला 12. ज़ुल्म 13. दृष्टि की अस्थिरता 14. शीशे का कारख़ाना 15. जिगर का जला हुआ 16. प्रातःकाल का दीपक।

(63)

जो-जो ज़ुल्म[1] किये हैं तुमने, सो-सो हमने खाये हैं
दाग़ जिगर पे जलाये हैं, छाती पे जराहत[2] खाये हैं

खुम से लगी मैख़ाने[3] के दीवार भी अपने घर की है
लुत्फ़े पीरे मुग़ां[4] से अजब क्या, हम आख़िर हमसाये हैं

शौक़ है, ग़म में बेसब्री[5] है, आह किसू को क्या कहिये
अच्छा, अपने जी को हमने आप ही रोग[6] लगाये हैं

मद्हे। सुख़न हम फ़िक्रे सुख़न[7] में रफ़्ता ही बैठे रहते हैं
आपको जब खोया है हमने, तब ये गौहर[8] पाये हैं

तब थे सिपाही, अब हैं जोगी,[9] आह जवानी यूं काटी
ऐसी थोड़ी रात में हमने क्या-क्या स्वागं[10] बनाये हैं

'मीर' मुक़द्दस[11] आदमी है, थे सुब्ह बकफ़ मैख़ाने में
सुब्ह जो हम भी जा निकले, तो देख के क्या शर्माये हैं

---

1. अन्याय 2. घाव 3. मदिरालय 4. मदिरालय के वृद्ध का आनन्द 5. व्याकुलता 6. बीमारी 7. बोलने की चिन्ता 8. मोती 9. सन्त 10. रूप 11. पवित्र।

(64)

जो देखो मेरे शे'रे तर[1] की तरफ़

तो माइल[2] न हो फिर गुहर[3] की तरफ़

कोई दादे दिल[4] आह किससे करे

हर इक है सो उस फ़ित्नागर[5] की तरफ़

मुहब्बत ने शायद कि दी दिल को आग

धुआं-सा है कुछ उस नगर की तरफ़

बहुत रंग मिलता है देखो कभू

हमारी तरफ़ से सहर[6] की तरफ़

---

1. नया शे'र 2. आकर्षित 3. मोती 4. दिल का न्याय 5. उपद्रवी 6. सुबह।

(65)

जो देखो वो क़ामत[1] तो मालूम हो

कि रूकश[2] हुए हैं क़यामत[3] से हम

ख़ुदा से भी शब[4] को दुआ मांगते

न उसका लिया नाम ग़ैरत[5] से हम

रखा जिसको आंखों में इक उम्र, अब

उसे देख रहते हैं हसरत[6] से हम

न मिल 'मीर' अब के अमीरों से तू

हुए हैं फ़क़ीर उनकी दौलत से हम

---

1. क़द 2. सामने 3. प्रलय 4. रात 5. आत्मसम्मान 6. निराशा।

(66)

जोर[1] क्या-क्या, जफ़ाएं क्या-क्या हैं

आशिक़ी में बलाएं[2] क्या-क्या हैं

गह[3] नसीमे सबा[4] है गाह सुमूम[5]

इस चमन में हवाएं क्या-क्या हैं

फ़िक्र तामीरे दिल[6] किसू को नहीं

ऐसी-वैसी बिनाएं[7] क्या-क्या हैं

शोर है तर्के शैख़[8] का लेकिन

चुपके-चुपके दुआएं क्या-क्या हैं

मंज़रे दीदा[9] क़सरे-दिल[10] ऐ 'मीर'

शहे तन में भी जाएं[11] क्या-क्या हैं

---

1. अत्याचार 2. मुसीबतें 3. कभी 4. प्रातः समीर 5. गरम हवा 6. दिल के निर्माण की चिन्ता 7. निर्माण 8. शैख़ का त्याग 9. आंखों का दृश्य 10. दिल का महल 11. जगहें।

(67)

ता[1] गौर[2] के ऊपर वो गुलअन्दाम[3] न आया

हम ख़ाक के आसूदों[4] को आराम न आया

बेहोशे मए इश्क़[5] हूं क्या मेरा भरोसा

आया जो बख़ुद[6] सुब्ह तो मैं शाम न आया

किस दिल से तेरा तीरे निगह[7] पार न गुज़रा

किस जान को ये मर्ग[8] का पैग़ाम[9] न आया

देखा न उसे दूर से भी मुन्तज़िरों[10] ने

वो रश्के महे ईद[11] लबे बाम[12] न आया

अब के जो तेरे कूचे[13] से जाऊंगा तो सुनियो

फिर जीते जी इस राह वो बदनाम न आया

ने खून हो आंखों से बहा टुक न हुआ दाग़

अपना तो ये दिल 'मीर' किसू काम न आया

---

1. जब तक 2. क़ब्र 3. फूल-जैसे शरीर वाला 4. ख़ाक में संतुष्ट होकर सोने वाले 5. प्रेम की मदिरा पीकर मस्त होने वाले 6. अपने होश में 7. नज़र का तीर 8. मौत 9. सन्देश 10. प्रतीक्षा करने वाला 11. ईद के चांद को भी मात देने वाला 12. छत पर 13. गली।

(68)

तुम्हें भी चाहिए है कुछ तो पास[1] चाहत का
हम अपनी ओर से यूं कब तलक निबाह[2] करें

रखा है अपने तईं रोक-रोककर वरना
सियाह कर दें ज़माने को हम जो आह करें

अगर उठेंगे इसी हाल से तो कहियो तू
जो रोज़े हश्र[3] तुझी को न उज़ ख़्वाह[4] करें

अगरचे सहल[5] हैं पर दीदनी[6] हैं हम भी ‘मीर’
इधर को यार तअम्मुल[7] से गर निगाह करें

---

1. लिहाज़ 2. निर्वाह 3. प्रलय के दिन 4. उज़ करने वाला 5. आसान 6. देखे योग्य 7. सोच-विचार।

(69)

दिल से शौक़े रुख़े निकू[1] न गया

झांकना-ताकना कभू न गया

हर क़दम पर थी उस की मंज़िल लेक[2]

सर से सौदा ए जुस्तजू[3] न गया

सब गये होशो सब्र ताबो तवां[4]

लेकिन ऐ दाग़ दिल से तू न गया

सुब्ह गर्दां[5] ही 'मीर' हम तो रहे

दस्ते कोताह[6] ता[7] सुबू[8] न गया

---

1. सुन्दर मुखड़ों का प्रेम 2. लेकिन 3. खोज करने की दीवानगी 4. शक्ति 5. माला से जप करना 6. छोटा हाथ 7. तक 8. मदिरा का घड़ा।

(70)

दुश्मनी हमसे की ज़माने ने

कि जफ़ाकार[1] तुझ-सा यार किया

ये तवह्हुम[2] का कारख़ाना है

यां वही है जो एतबार किया

सद[3] रगे जां[4] को ताब[5] दे बाहम[6]

तेरी ज़ुल्फ़ों का एक तार[7] किया

हम फ़क़ीरों से बेअदाई[8] क्या

आन बैठे जो तुमने प्यार किया

सख़्त काफ़िर था जिन ने पहले 'मीर'

मज़्हबे इश्क़[9] इख़्तियार किया[10]

---

1. अत्याचारी 2. भ्रम 3. सैकड़ों 4. दिल तक रक्त ले जाने वाली नाड़ी 5. शक्ति 6. परस्पर 7. बाल 8. बेरुखी 9. प्रेम का धर्म 10. अपना लिया।

(71)

देख आरसी को यार हुआ महवे नाज़[1] का

ख़ानाख़राब[2] हूजियो आईनासाज़[3] का

मारा न अपने हाथ से मुझको हज़ार हैफ़[4]

कुश्ता[5] हूं यार मैं तो तेरे इम्तियाज़[6] का

इस लुत्फ़[7] से न गुंच ए नर्गिस[8] खिला कभू

खुलना तो देख उस मिझ ए नीमबाज़[9] का

हिलती है यूं पलक कि गड़ी दिल में जाये है

अन्दाज़[10] दीदनी[11] है मेरे दिलनवाज़[12] का

फिर 'मीर' आज मस्जिदे जामा[13] के थे इमाम

दाग़ो शराब[14] धोते थे कल जा-नमाज़[15] का

---

1. अभिमान में डूबा हुआ 2. घर बरबाद होना 3. दर्पण बनाने वाला 4. हज़ार अफ़्सोस 5. मारा हुआ 6. विशेषता 7. आनन्द 8. नर्गिस की कली 9. अधखुली पलकें 10. शैली 11. दर्शनीय 12. मनमोहक 13. प्रमुख मस्जिद 14. मदिरा का धब्बा 15. वह कपड़ा, जिस पर बैठकर नमाज़ पढ़ी जाती है।

(72)

देख तो दिल कि जां से उठता है

ये धुआं-सा कहां से उठता है

गौर[1] किस दिलजले की है ये फ़लक[2]

शोला इक सुब्ह यां से उठता है

ख़ाना ए दिल[3] से ज़ीनिहार[4] न जा

कोई ऐसे मकां[5] से उठता है

बैठने कौन दे है फिर उस को

जो तेरे आस्तां[6] से उठता है

यूं उठे आह उस गली से हम

जैसे कोई जहां[7] से उठता है।

इश्क़ एक 'मीर' भारी पत्थर है

कब ये तुझ नातवां[8] से उठता है

---

1. क़ब्र 2. आसमान 3. दिल का घर 4. हर्गिज़ 5. घर 6. चौखट 7. संसार 8. कमज़ोर।

(73)

दैर ओ हरम[1] से गुज़रे अब दिल है घर हमारा

है ख़त्म इस आबले[2] पर सैरो सफ़र हमारा

हैं तेरे आईने की तिम्साल[3] हम न पूछो

इस दश्त में नहीं है पैदा असर[4] हमारा

नशो नुमा[5] है अपनी जूं गर्द बाद[6] अनोखी

बालीदा[7] ख़ाके रह[8] से है ये शजर[9] हमारा

इस करवां सरा[10] में क्या 'मीर' बार[11] खोलें

यां कूच लग रहा है शाम ओ सहर[12] हमारा

---

1. मन्दिर-मस्जिद 2. छाले 3. दर्पण की भांति 4. प्रभाव 5. विकास 6. संसाररूपी शराब 7. विकसित
8. रास्ते की धूल 9. वृक्ष 10. सराय 11. सामान 12. शाम और सवेरा।

(74)

न दर्दमन्दी[1] से ये राह तुम चले वरना

क़दम-क़दम पे थी यां जाए नाल-ओ-फ़रयाद[2]

चमन में उठते हैं सन्नाहटे-से ऐ बुलबुल

जिगरख़राश[3] ये नाले हैं तेरे मुंह से ज़ियाद[4]

सबाते कस्त्रो दरो बामो ख़िश्तो गिल[5] कितना

इमारते दिले दरवेश[6] की रखो बुनियाद

चमन में यार हमें ले गये थे वा न हुए[7]

हमारे साथ यही ग़म, यही दिले नाशाद[8]

---

1. हमदर्दी 2. रोने-पीटने का जगह 3. जिगर को चीर देने वाली 4. अधिक 5. महल, दरवाजे, कोठे, ईंट और मिट्टी का स्थायित्व 6. फ़क़ीर के दिल की इमारत 7. न खुले 8. अप्रसन्न दिल।

(75)

पत्ता-पत्ता बूटा-बूटा हाल हमारा जाने है

जाने न जाने गुल ही न जाने बाग़ तो सारा जाने है

चारागरी[1] बीमारी ए दिल की रस्मे शहरे हुस्न[2] नहीं

वरना दिलबर नादां[3] भी इस दर्द का चारा[4] जाने है

मेहरो वफ़ा ओ लुत्फ़ो इनायत एक से वाक़िफ़[5] इनमें नहीं

और तो सब कुछ तंज़ो किनाया[6] रम्ज़ो इशारा[7] जाने है

क्या-क्या फ़ित्ने[8] सर पर उसके लाता है माशूक़ अपना

जिस बेदिल बेताबो तवां[9] को इश्क़ का मारा जाने है

---

1. इलाज 2. सौन्दर्य नगर की रीत 3. भोला प्रेमी 4. इलाज 5. परिचित 6. व्यंग्य 7. संकेत 8. उपद्रव
9. निर्बला।

(76)

पैग़ाम ग़मे जिगर का गुलज़ार तक न पहुंचा

नाला[1] मेरा चमन की दीवार तक न पहुंचा

जूं नक़्शे पा[2] है ग़ुर्बत[3] हैरान कार[4] उसकी

आवारा हो वतन से जो यार तक न पहुंचा

ये बख़्ते सब्ज़[5] देखो बाग़ो ज़माना[6] में से

पझमुर्दा गुल[7] भी अपनी दस्तार[8] तक न पहुंचा

यूसुफ़[9] से ले के ता गुल[10] फिर गुल से ले के ता शम्अ[11]

ये हुस्न किसको लेकर बाज़ार तक न पहुंचा

---

1. आर्तनाद 2. पदचिन्ह 3. दरिद्रता 4. आश्चर्यचकित 5. दुर्भाग्य 6. बाग़रूपी संसार 7. मुझर्झाया हुआ
फूल 8. पगड़ी 9. एक पैग़म्बर 10. फूल तक 11. चिराग़ तक।

(77)

फ़क़ीराना आये सदा कर चले

कि मियां खुश रहो हम दुआ कर चले

जो तुझ बिन न जीने को कहते थे हम

सो इस अह्द[1] को अब वफ़ा कर चले

कोई नाउमीदाना[2] करते निगाह

सो तुम हम से मुंह भी छुपाकर चले

बहुत आरज़ू[3] थी गली की तेरी

सो यां से लहू में नहाकर चले

जबीं[4] सिज्दे करते ही करते गयी

हक़्क़े बन्दगी[5] हम अदा कर चले

परस्तिश[6] की यां तक कि ऐ बुत[7] तुझे

नज़र में सभों की ख़ुदा कर चले

कहें क्या जो पूछे कोई हमसे 'मीर'

जहां[8] में तुम आये थे क्या कर चले

---

1. प्रतिज्ञा 2. निराश 3. इच्छा 4. माथा 5. भक्ति का कर्तव्य 6. पूजा 7. हसीन प्रेमिका 8. दुनिया।

(78)

फिरता है ज़िन्दगी के लिए आह ख़्वार[1] क्या

इस वहम[2] की नमूद[3] का है एतबार क्या

क्या जाने हम असीरे क़फ़स ज़ाद[4] ऐ नसीम[5]

गुल कैसे बाग़ कहते हैं किसको बहार क्या

आंखें बरंगे नक़्शे क़दम[6] हो गयीं सफ़ेद

फिर और कोई उसका करे इन्तिज़ार क्या

मारा हो एक-दो को तो हो मुद्दई[7] कोई

कुश्तों[8] का उसके रोज़े जज़ा[9] में शुमार[10] क्या

पाते हैं अपने हाल[11] में मज्बूर सबको हम

कहने को इख़्तियार[12] है, पर इख़्तियार क्या

---

1. अपमानित 2. भ्रम 3. आविर्भाव 4. जन्मजात बन्दी 5. हवा 6. पदचिन्हों की भांति 7. प्रतिवादी 8. मरे हुए 9. प्रलय के दिन 10. गिनती 11. दशा 12. अधिकार।

(79)

बंधा रात आंसू का कुछ तार-सा

हुआ अब्रे रहमत[1] गुनहगार[2] सा

कोई सादा ही उसको सादा कहे

लगे है हमें तो वो अय्यार[3] सा

गुलो सर्व[4] अच्छे सभी हैं वले[5]

न निकला चमन में कोई यार-सा

फ़लक[6] ने बहुत खींचे आज़ार[7] लेक

न पहुंचा बहम[8] उस दिलआज़ार[9] सा

मगर आंख तेरी भी चिपकी कहीं

टपकता है चितवन[10] से कुछ प्यार-सा

---

1. दयारूपी बादल 2. अपराधी 3. चालाक 4. फूल और पौधे 5. लेकिन 6. आकाश 7. कष्ट उठाना
8. उपलब्ध होना 9. दिल दुखाने वाला 10. दृष्टि।

(80)

बगैर दिल[1] कि ये क़ीमत है सारे आलम की

किसू से काम नहीं रखती जिंस[2] आदम की

कोई हो महरमे शोख़ी[3] तेरा तो मैं पूछूं

कि बज़्मे ऐशे जहां[4] क्या समझ के बरहम[5] की

हमें तो बाग़ की तक्लीफ़ से मुआफ़ रखो

कि सैरो गश्त[6] नहीं रस्म अह्ले मातम[7] की

क़फ़स[8] में 'मीर' नहीं जोशे दाग़[9] सीने पर

हवस[10] निकाली है हमने भी गुल के मौसम की

---

1. दिल के बिना 2. वस्तु 3. चंचलता को जानने वाला 4. संसार के भोग-विलास की सभा 5. बरबाद
6. सैर 7. शोक मनाने वाले 8. पिंजरा 9. दाग़ों की अधिकता 10. लोलुपता।

(81)

बात क्या आदमी की बन आयी

आसमां से ज़मीन नपवायी

चर्ख़ेज़न[1] उसके वास्ते हैं मुदाम[2]

हो गया दिन तमाम रात आयी

माह ओ ख़ुरशीद ओ अब्रे बाद ओ[3] सभी

उसकी ख़ातिर हुए हैं सौदाई[4]

कैसे-कैसे किये तरद्दुद[5] जब

रंग-रंग[6] उसको चीज़ पहुंचायी

उसको तरजीह[7] सबके ऊपर दे

लुत्फ़े हक़[8] ने की इज़्ज़त अफ़्ज़ायी[9]

हैरत[10] आती है उसकी बातें देख

ख़ुदसरी[11] ख़ुदसिताई[12] ख़ुदआराई[13]

शुक्र[14] कि सिज्दों में ये वाजिब[15] था
ये भी करता सदा ज़बींसाई[16]

---

1. घूमने वाला 2. हमेशा 3. चांद, सूरज, बादल और हवा 4. पागल 5. सोच-विचार 6. विभिन्न प्रकार की 7. प्रधानता 8. परमात्मा की कृपा 9. सम्मान देना 10. आश्चर्य 11. बग़ावत 12. आत्मप्रशंसा 13. मनमानी 14. आभार प्रदर्शित करना 15. उचित 16. माथा टेकना।

(82)

बेताब जी को देखा दिल को कबाब देखा

जीते रहे थे क्यों हम जो ये अज़ाब[1] देखा

पौदा सितम का जिसने इस बाग़ में लगाया

अपने किये का उन ने समरा[2] शिताब[3] देखा

दिल का नहीं ठिकाना बाबत[4] जिगर की गुम है

तेरे बलाकशों[5] का हमने हिसाब देखा

आबाद जिसमें तुझको देखा था एक मुद्दत

उस दिल की मुम्लिकत[6] को अब हम ख़राब देखा

लेते ही नाम उसका सोते से चौंक उठे हो

है ख़ैर ‘मीर’ साहब कुछ तुमने ख़्वाब देखा

---

1. दुःख 2. फल 3. शीघ्र 4. खाता 5. कष्ट उठाने वाला 6. राष्ट्र

(83)

बेरंग बेसबाती[1] ये गुलसितां बनाया

बुलबुल ने क्या समझकर यां आशियां[2] बनाया

उड़ती है ख़ाक यारब[3] शाम ओ सहर[4] जहां में

किस के ग़ुबारे दिल[5] से ये ख़ाकदां[6] बनाया

इक रंग पर न रहना यां का अजब[7] नहीं है

क्या-क्या न रंग लाये तब ये जहां बनाया

नक्शे क़दम[6] से उसके गुलशन की तरह[9] डाली

गर्दे रह[10] उसकी लेकर सर्वे रवां[11] बनाया

इस सहन[12] पर ये वुसअत[13] अल्लाह रे तेरी सन्अत[14]

मेमार[15] ने क़ज़ा[16] के दिल क्या मकां बनाया

---

1. नश्वर 2. घोंसला 3. हे परमात्मा 4. शाम-सवेरे 5. दिल की राख 6. मिट्टी से बना संसार 7. आश्चर्य 8. पदचिन्ह 9. नींव 10. रास्ते की धूल 11. सरो नामक सदाबहार वृक्ष 12. आंगन 13. विस्तार 14. कारीगरी 15. निर्माता 16. मौत।

(84)

भरे रहते हैं सारे फूल ही जिसके गरेबां में

वो क्या जाने कि टुकड़े हैं जिगर के मेरे दामां[1] में

ख़याले यार[2] में आगे हैं यक महपारा[3] यां हरदम

अगर हिज्रां[4] में ज़िन्दानी[5] हूं, पर हूं यूसुफ़िस्तां[6] में

रखा अर्सा[7] जुनूं[8] पर तंग[9] मुश्ताक़ों[10] की दूरी से

किसे मारा है उस घतिये ने सम्मुख हो के मैदां में

जहां से देखिये इक शेरे शोर अंगेज़[11] निकले है

क़यामत का-सा हंगामा है हर जा[12] मेरे दीवां[13] में

हवा ए अब्र[14] में क्या 'मीर' हंसता बाग़ में वो था

गिरी पड़ती है बिजली आज कुछ सहने गुलिस्तां[15] में

---

1. दामन 2. प्रेमिका का ध्यान 3. चांद का टुकड़ा 4. विरह 5. बन्दी 6. सौन्दर्यपूर्ण नगर 7. अवधि 8. पागलपन 9. छोटा 10. जिज्ञासु 11. धूमधाम का शोर 12. हर जगह 13. काव्य संग्रह 14. बादलों के साये में चलने वाली हवा 15. बाग़ का आंगन।

(85)

मज़हब[1] से मेरे क्या तुझे, तेरा दयार[2] और

मैं और, यार और, मेरा कारोबार और

चलता है काम मर्ग[3] का ख़ूब उसके दौर[4] में

होती है गिर्द[5] शहर के रोज़ इक मज़ार[6] और

बन्दे को उन फ़क़ीरों में गिनिये न शह के

साहब ने मेरे मुझको दिया एतबार[7] और

दर्दे सर अब जो इश्क़ का है गौर[8] तक है साथ

कुछ ये नशा ही और है इसका ख़ुमार[9] और

काहे को इस क़रार[10] से था इज्तिराब-ओ-क़ल्क़[11]

होता है हाथ रखने से दिल बेक़रार और

किसको फ़क़ीरी में सर ओ दिल हर्फ[12] का है 'मीर'

करते हैं इस दिमाग़ पे हम इन्किसार[13] और

---

1. धर्म 2. स्थान 3. मृत्यु 4. ज़माना 5. आस-पास 6. क़ब्र 7. भरोसा 8. चिंतन 9. नशा 10. प्रकार
11. दिल की बेचैनी 12. अक्षर 13. विनम्रता।

(86)

मरते हैं हम तो आदमे ख़ाकी[1] की शान पर

अल्लाह रे दिमाग़ कि है आसमान पर

कुछ हो रहेगा इश्क़ो हवस[2] में भी इम्तियाज़[3]

आया है अब मिज़ाज[4] तेरा इम्तिहान पर

मुहताज[5] को ख़ुदा न निकाले कि जूं हिलाल[6]

तशहीर[7] कौन शह में हो पारा नान[8] पर

शोख़ी[9] तो देखो आप ही कहा आओ बैठो 'मीर'

पूछा कहां तो बोले कि मेरी जुबान पर

---

1. मिट्टी का पुतला 2. प्रेम और लोभ 3. विशेष 4. स्वभाव 5. विवश 6. नया चांद 7. यश 8. रोटी का टुकड़ा 9. चंचलता।

(87)

मुनइम[1] ने बिना[2] जुल्म की रख घर तो बनाया

पर आप कोई रात ही मेहमान रहेगा

छूटूं कहीं ईज़ा[3] से लगा एक ही जल्लाद[4]

ता हश्र[5] मेरे सर पे ये अहसान रहेगा

जाने का नहीं शोर सुख़न का मेरे हरगिज़

ता हश्र जहां[6] में मेरा दीवान[7] रहेगा

---

1. धनवान् 2. नींव 3. कष्ट 4. सर काटने वाला 5. प्रलय के दिन तक 6. संसार 7. काव्य संग्रह।

(88)

मुंह तका ही करे है जिस-तिस का

हैरती[1] है ये आईना किसका

शाम से कुछ बुझा-सा रहता हूँ

दिल हुआ है चिराग़ मुफ़लिस का

फ़ैज़[2] ऐ अब्र[3] चश्मे तर[4] से उठा

आज दामन वसीअ[5] है इसका

ताब किसको जो हाले 'मीर' सुने

हाल ही और कुछ है मजलिस[6] का

---

1. चकित 2. लाभ 3. बादल 4. आंसू भरी हुई आंखें 5. फैला हुआ 6. सभा।

(89)

मेहर[1] की तुझसे तवक्को[2] थी सितमगर[3] निकला

मोम समझे थे तेरे दिल को सो पत्थर निकला

दाग़ हूं रश्के मुहब्बत[4] से कि इतना बेताब

किसकी तस्कीं[5] के लिए घर से तू बाहर निकला

जीते जी आह तेरे कूचे से कोई न फिरा

जो सितमदीदा[6] रहा, जा के सो मर कर निकला

दिल की आबादी की इस हद है ख़राबी कि न पूछ

जाना जाता है कि इस राह से लश्कर निकला

अश्के तर[7], क़तर ए ख़ूं[8], लख्ते जिगर[9], पार-ए-दिल[10]

एक से एक अदद[11] आंख से बहकर निकला

हमने जाना था लिखेगा तू कोई हर्फ़ ऐ 'मीर'

पर तेरा नामा[12] तो इक शौक़ का दफ़्तर निकला

---

1. प्रेम 2. आशा 3. अत्याचारी 4. प्रेम की ईर्ष्या 5. सन्तुष्टि 6. मुसीबत का मारा 7. आंसू 8. लहू की बूंदें 9. जिगर का टुकड़ा 10. दिल का टुकड़ा 11. नग 12. पत्र।

(90)

मौसमे अब्र[1] हो, सुबू[2] भी हो

गुल[3] हो, गुलशन[4] हो और तू भी हो

कब तक आईने[5] का ये हुस्न कुबूल[6]

मुंह तेरा इस तरफ़ कभू भी हो

सरकशी गुल की खुश नहीं आती

नाज़[7] करने का वैसा रू भी हो

किसको बुलबुल है दमकशी का दिमाग़

हो तो गुल की ही गुफ़्तगू[8] भी हो

दिल तमन्ना कदा[9] तो है पर 'मीर'

हो तो उसकी ही आरज़ू[10] भी हो

---

1. बरसात का मौसम 2. शराब 3. फूल 4. उपवन 5. दर्पण 6. रूप की स्वीकारोक्ति 7. घमण्ड 8. बातचीत 9. मकान 10. अभिलाषा।

(91)

यही मशहूरे आलम[1] हैं दो आलम

ख़ुदा जाने मिलाप उससे कहां हो

जहां सिज्दे[2] में हमने गश[3] किया था

वहीं शायद कि उसका आस्तां[4] हो

तुम ऐ नाज़ुक तनां[5] हो वह कि सब के

तमन्ना ए दिल[6] व आराम ए जां[7] हो

किनारा यूं किया जाता नहीं फिर

अगर पाए मुहब्बत[8] दरमियां[9] हो

---

1. विश्वप्रसिद्ध 2. माथा टेकना 3. बेहोश 4. चौखट 5. कोमल शरीर वाले 6. दिल की कामना 7. आत्मा की शान्ति 8. प्रेम-सम्बन्ध 9. बीच में।

(92)

यारो मुझे मुआफ़[1] रखो, मैं नशे में हूं

अब दो तो जाम[2] ख़ाली ही दो, मैं नशे में हूं

मस्ती से दरहमी[3] है मेरी गुफ़्तगू[4] के बीच

जो चाहो तुम भी मुझको कहो, मैं नशे में हूं

या हाथों-हाथ लो मुझे मानिन्दे जामे मै[5]

या थोड़ी दूर साथ चलो, मैं नशे में हूं

माज़ूर[6] हूं जो पांव मेरा बेतरह[7] पड़े

तुम सरगिरां[8] तो मुझसे न हो, मैं नशे में हूं

भागी नमाज़े जुम्मा[9] तो जाती नहीं है कुछ

चलता हूं मैं भी टुक तो रहो, मैं नशे में हूं

नाजुक मिज़ाज[10] आप क़यामत[11] हैं 'मीर' जी

जूं शीशा[12] मेरे मुंह न लगो, मैं नशे में हूं

---

1. क्षमा 2. मदिरा-पात्र 3. अस्त-व्यस्त 4. बातचीत 5. मदिरा-पात्र की भांति 6. विवश 7. आड़ा-तिरछा 8. अप्रसन्न 9. जुम्मे की नमाज़ 10. कोमल प्रवृत्ति वाला 11. प्रलय 12. बोतल की भांति।

(93)

ये चश्म[1] आईनादारे रू[2] थी किसू की

नज़र इस तरफ भी कभू थी किसू की

सहर पा ए गुल[3] बेख़ुदी[4] हमको आयी

कि उस सुस्त पैमां[5] में बू थी किसू की

ये सरगश्ता[6] जब तक रहा इस चमन में

बरंगे सबा[7] जुस्तजू[8] थी किसू की

जलाया शब[9] इक शोल ए दिल[10] ने हमको

कि उस तुन्द[11] सरकश[12] में ख़ू[13] थी किसू की

दमे मर्ग[14] दुश्वार[15] दी जान उन ने

मगर 'मीर' को आरज़ू थी किसू की

---

1. आंखें 2. चेहरे को देखने वाली 3. फूल के पांव 4. स्वयं को भूलने की दशा 5. वचन का कच्चा 6. आवारा 7. हवा की भांति 8. तलाश 9. रात 10. दिल की आग 11. प्रचण्ड 12. बाग़ी 13. आदत 14. मरते समय 15. मुश्किल से।

(94)

ये सरा सोने की जागह नहीं बेदार[1] रहो

हमने कर दी है ख़बर तुमको ख़बरदार रहो

लाग अगर दिल को नहीं, लुत्फ़[2] नहीं जीने का

उलझे-सुलझे किसू काकुल[3] के गिरिफ़्तार रहो

गर्चे वो गौहरे तर[4] हाथ नहीं लगता, लेक[5]

दम में दम जब तईं है, उसके तलबगार[6] रहो

सारे बाज़ारे जहां[7] का है यही मोल ऐ 'मीर'

जाने को बेच के भी दिल के ख़रीदार रहो

---

1. जाने हुए 2. मज़ा 3. बालों की लटें 4. चमकदार मोती 5. लेकिन 6. इच्छुक 7. बाज़ाररूपी दुनिया।

(95)

रफ़्तगां[1] में जहां[2] के हम भी हैं

साथ उस कारवां[3] के हम भी हैं

शम्आ ही सर न दे गयी बरबाद

कुश्ता[4] अपनी जुबां के हम भी हैं

जिस चमनज़ार[5] का है तू गुले तर[6]

बुलबुल उस गुलिस्तां के हम भी हैं

बोसा[7] मत दे किसू के दर[8] पे नसीम[9]

ख़ाक उस आस्तां[10] के हम भी हैं

वज्हे बेगानगी[11] नहीं मालूम

तुम जहां के हो, वां के हम भी हैं

अपना शेवा[12] नहीं कजी[13] यूं तो

यार जी टेढ़े-बांके हम भी हैं

---

1. गुज़रे हुए लोग 2. संसार 3. काफ़िला 4. मृतक 5. उपवन 6. ताजा फूल 7. चुम्बन 8. दरवाज़ा 9. हवा 10. चौखट 11. अनजानेपन का कारण 12. चलन 13. टेढ़ापन।

(96)

राहे दूरे इश्क़[1] में रोता है क्या

आगे-आगे देखियो होता है क्या

सब्ज़[2] होती ही नहीं ये सरज़मीं[3]

तुमे ख़्वाहिश[4] दिल में तू बोता है क्या

ग़ैरते युसुफ़ है ये वक़्ते अज़ीज़[5]

'मीर' इसको राएगां[6] खोता है क्या

---

1. प्रेम का लम्बा मार्ग 2. हरी 3. भूमि 4. इच्छा का बीज 5. बहुमूल्य समय 6. व्यर्थ।

(97)

लब[1] तेरे लाले नाब[2] हैं दोनों
पर तमामी[3] इताब[4] हैं दोनों

है तकल्लुफ[5] नक़ाब[6] वे रुख़सार[7]
क्या छुपें आफ़्ताब[8] हैं दोनों

तन के मामूरे[9] में यही दिल ओ चश्म[10]
घर थे दो, सो ख़राब हैं दोनों

सौ जगह उसकी आंखें पड़ती हैं
जैसे मस्ते शराब[11] हैं दोनों

पांव में वो नशा तलब[12] का नहीं
अब तो सरमस्ते ख़्वाब[13] हैं दोनों

एक सब आग, एक सब पानी
दीदा ओ दिल[14] अज़ाब[15] हैं दोनों

आगे दरिया थे दीद ए तर[16] 'मीर'
अब जो देखो सराब[17] हैं दोनों

---

1. होठ 2. शुद्ध रत्न 3. सब 4. क्रोध 5. शिष्टाचार 6. आवरण 7. गाल 8. सूरज 9. आबादी 10. दिल और आंखें 11. मदिरा में धुत 12. इच्छा 13. नींद में डूबे हुए 14. आंखें और हृदय 15. मुसीबत 16. आंसू भरी आंखें 17. मृग-मरीचिका।

(98)

लाइलाजी[1] से जो रहती है मुझे आवारगी

कीजिये क्या 'मीर' साहब बन्दगी[2] बेचारगी[3]

कैसी-कैसी सुह्बतें[4] आंखों के आगे से गयीं

देखते ही देखते क्या हो गया यकबारगी[5]

अश्के ख़ूनीं[6] आंख में भर ला के पी जाता हूं मैं

मुहतसिब[7] रखता है मुझ पर तुह्मते मैख़्वारगी[8]

मत फ़रेबे सादगी[9] खा इन सियहचश्मों[10] का 'मीर'

इनकी आंखों से टपकती है बड़ी अय्यारगी[11]

---

1. जिसका इलाज न हो सके 2. आराधना 3. मजबूरी 4. संगत 5. अचानक 6. ख़ून के आंसू 7. मद्य-निषेध निरीक्षक 8. मदिरापान का आरोप 9. सादगी का धोखा 10. काली आंखों वाले 11. चालाकी।

(99)

लुत्फ़[1] अगर ये है बुतां[2] सन्दले पेशानी[3] का
हुस्न क्या सुबह के फिर चेहरा ए नूरानी[4] का

कुफ़्र[5] कुछ चाहिए इस्लाम की रौनक़ के लिए
हुस्ने ज़ुन्नर[6] है तस्बीहे सुलेमानी[7] का

दरहमी[8] हाल की है सारे मेरे दीवां में
सैर कर तू भी ये मजमुआ[9] ए परेशानी का

जान घबराती है अन्दोह[10] से तन में क्या-क्या
तंग अहवाल[11] है इस यूसुफ़े ज़िन्दानी का

खेल लड़कों का समझते थे मुहब्बत के तईं
है बड़ा हैफ़[12] हमें अपनी भी नादानी का

उसका मुंह देख रहा हूं सो वही देखूं हूं
नक़्श[13] का-सा है समां[14] मेरी भी हैरानी का

बुतपरस्ती[15] को तो इस्लाम नहीं कहते हैं
मोतक़िद[16] कौन है 'मीर' ऐसी मुसलमानी का

---

1. आनन्द 2. सुन्दरियां 3. माथे पर लगा चन्दन 4. प्रकाशमान मुख 5. नास्तिकता 6. यज्ञोपवीत 7. जपने वाली माला 8. ख़राबी 9. संग्रह 10. दुःख 11. दशा 12. खेद 13. चित्र 14. दृश्य 15. मूर्तिपूजा 16. श्रद्धालु।

(100)

सब्ज़ाने ताज़ा रू[1] की जहां जल्वागाह[2] थी

अब देखिये तो वां नहीं साया दरख़्त का

जूं बर्ग हाए लाला[3] परीशान हो गया

मज़्कूर[4] क्या है अब जिगर ए लख़्त-लख़्त[5] का

दिल्ली में आज भीख भी मिलती नहीं उन्हें

था कल तलक दिमाग़[6] जिन्हें ताज ओ तख़्त का

ख़ाके सियह[7] से मैं जो बराबर हुआ हूं 'मीर'

साया पड़ा है मुझ पे किसू तीराबख़्त[8] का

---

1. नये उगे हुए पौधे 2. दर्शन स्थल 3.गुलाम 4. चर्चा 5. टुकड़े-टुकड़े जिगर 6. घमण्ड 7. अभागा 8. छोटा भाला।

(101)

सुना है हाल तेरे कुश्तगां[1] बेचारों का
हुआ न गौर गढ़ा[2] उन सितम के मारों का

हज़ार रंग खिले गुल चमन के हैं शाहिद[3]
कि रोज़गार[4] के सर ख़ून है हज़ारों का

मिला है ख़ाक में किस-किस तरह का आलम यां
निकल के शह[5] से टुक सैर कर मज़ारों का

निगाहे मस्त[6] के मारे तेरी ख़राब हैं शोख़[7]
न ठौर है, न ठिकाना है होशयारों का

करे हैं दावा ए ख़ुशचश्मी[8] आहूवान ए दश्त[9]
टुक एक देखने चल मुल्क उन गंवारों का

तड़फ के मरने से दिल के कि मग़्फ़िरत[10] हो उसे
जहां में कुछ तो रहा नाम बेक़रारों का

तड़फ के ख़िरमने गुल[11] पे कभी गिर ऐ बिजली
जलाना क्या है मेरे आशियां[12] के ख़ारों का[13]

---

1. क़त्ल किये हुए 2. अन्तिम संस्कार 3. गवाह 4. संसार 5. दुनिया 6. मस्त नयन 7. चंचल 8. नेत्रों की सुन्दरता का दावा 9. जंगल के हिरण 10. मुक्ति 11. फूलों का ढेर 12. घोंसला 13. कांटों का।

(102)

हम अपनी चाके जैब[1] को सी रहते या नहीं

फाटे में पांव देने को आये कहां से तुम

अब देखते हैं ख़ूब तो वो बात ही नहीं,

क्या-क्या वगरना कहते थे अपनी जुबां से तुम

खुल जायेंगी फिर आंखें जो मर जायेगा कोई

आते नहीं हो बाज़ मेरे इम्तिहां[2] से तुम

जितने थे कल तुम आज नहीं पाते उतना हम

हरदम चले ही जाते हो आबे रवां[3] से तुम

---

1. फटा हुआ दामन 2. परीक्षा 3. बहता हुआ पानी।

(103)

शेख़ जी आओ मुसल्ला गिरवा-ए-जाम[1] करो

जिन्से-तक़्वा[2] के तईं सर्फ़े-मये-ख़ाम[3] करो

फ़र्श-मस्तां करो सज्जादा-ए-बेतह[4] के तईं

मय की ताज़ीम[5] करो शीशे का इकराम[6] करो

दामने-पाक को आलूदा[7] रखो बादे[8] से

आपको मुग़बचों[9] के क़ाबिले-दुश्नाम करो

नेकनामी-ओ-तफ़ावत[10] को दुआ जल्द कहो

दीनो-दिल पेशकशे-सादा-ए-ख़ुदकाम करो

नंगो-नामूस[11] से अब गुज़रो जवानों की तरह

परफ़िशानी करो और साक़ी से इबराम[12] करो

ख़ूब अगर जुरअ-ए-मय-नोश नहीं कर सकते

ख़ातिरे-जम्अ-ए-मय[13] शाम से ये काम करो

---

1. जाम-प्राप्ति हेतु गिरवी रखना, 2. संयम की वस्तु, 3. मदिरा-प्राप्ति हेतु व्यय, 4. खुली हुई जा-ए-
नमाज, 5. मान, 6. आदर, 7. गीला, 8. शराब, ९.शराब पिलाने वाले लड़के, 10. नेकनामी एवं ऊंच-
नीच का भेद, 11. इज़्ज़त-आबरू, 12. अनुरोध, 13. मदिरापात्र के लिए।

(104)

उठ खड़े हो जो झुके गर्दन-ए-मीना-ए-शराब[1]
ख़िदमते-बादागुसारां[2] है सरअंजाम[3] करो

मुतरिब[4] आकर जो करे चंग-नवाज़ी[5] तो तुम
पैरहन मस्तों की तक़लीद[6] में इनाम करो

ख़ुनकी इतनी भी तो लाज़िम नहीं इस मौसम में
पास-ए-जोशे-गुलो-दिल गरमी-ए-अय्याम[7] करो

साया-ए-गुल में लबे-जू[8] पे गुलाबी[9] रक्खो
हाथ में जाम को ले आपको बदनाम करो

आह ताचन्द[10] रहो ख़ानक़हो[11]-मस्जिद में
एक तो सुबह गुलिस्तान[12] में भी शाम करो

रात तो सारी गई सुनते मरीशां-गोई[13]
'मीर' जी कोई घड़ी तुम भी तो आराम करो

---

1. शराब की सुराही की गर्दन, 2. शराब पीने वालों की सेवा, 3. पूरी तरह से, 4. साज़िन्दा, 15. साज़ बजाना, 6. अनुकरण, 7. फूलों के खिलने और दिल की उमंग का सम्मान, 8. पानी के किनारे, 9. शराब, 10. कब तक, 11. पूजाघर, 12. बाग़, 13. कष्ट की बातें।

(105)

जीते-जी कूचा-ए-दिलदार[1] से जाया न गया

उसकी दीवार का सर से मेरे साया न गया

गुल में उसकी-सी जो बू[2] आई तो आया न गया

हमको बिन दोशे-सबा[3] बाग़ से लाया न गया

दिल में रह दिल में कि मेमारे-क़ज़ा[4] से अब तक

ऐसा मतबू'अ[5] मकां कोई बनाया न गया

क्या तुनक-हौसला[6] थे दीदा-ओ-दिल[7] अपने आह

एकदम[8] राज़[9] मुहब्बत का छिपाया न गया

मह[10] ने आ सामने शब[11] याद दिलाया था उसे

फिर वो ता-सुबह[12] मेरे जी से भुलाया न गया

गुल ने हरचन्द कहा बाग़ में रह, पर उस बिन

जी जो उलटा तो किसी तरह लगाया न गया

---

1. प्रिय की गली, 2. सुगन्ध, 3. हवा के कन्धों पर, 4. संसार को बनाने वाला (ईश्वर), 5. मनोवांछित, पसन्दीदा, 6. कम-हिम्मत, 7. आंखें और हृदय, 8. क्षणभर के लिए, 9. रहस्य, भेद, मर्म, 10. चांद, 11. रात, 12. सुबह होने तक।

(106)

सर-नशीने-रहे-मयख़ाना[1] हूं मैं क्या जानूं

रस्मे-मस्जिद[2] के तईं शेख़ कि आया न गया

ख़ौफ़े-आशोब[3] से ग़ौग़ा-ए-क़यामत[4] के लिए

ख़ूने-ख़्वाबीदा-ए-उश्शाक़[5] जगाया न गया

शहरे-दिल[6] आह अजब जाय[7] थी पर उसके गए

ऐसा उजड़ा कि किसी तरह बसाया न गया

ज़ेरे-शमशीरे-सितम[8] 'मीर' तड़पना कैसा

सर भी तस्लीमे-मुहब्बत[9] में हिलाया न गया

---

1. मदिरालय के रास्ते में बैठा हुआ, 2. मस्जिद की रीति (परम्परा), 3. उपद्रव का भय, 4. प्रलय का शोर, 5. क़त्ल किए हुए प्रेमियों का सोया हुआ लहू, 6.दिल का नगर, 7. जगह, 8. अत्याचार की तलवार के नीचे, 9. प्रेमाभिवादन।

(107)

सहर-गह[1] ईद[2] में दौरे-सुबू[3] था
पर अपने जाम में तुझ बिन लहू था

ग़लत था आप से ग़ाफ़िल[4] गुज़रना
न समझे हम कि इस क़ालिब[5] में तू था

चमन की वज़्अ[6] ने हमको किया दाग़
कि हर ग़ुंचा दिले-पुर-आरज़ू थारू

गुलो-आईना क्या ख़ुरशीदो-मह[7] क्या
जिधर देखा उधर तेरा ही रू[8] था

जहां पुर[9] है फ़साने[10] से हमारे
दिमाग़े-इश्क़[11] हमको भी कभू था

मगर दीवाना था गुल भी किसू का
कि पैराहन[12] में सौ जगह रफ़ू[13] था

कहीं क्या बाल तेरे खुल गए थे
कि झोंका बाओ का कुछ मुश्कबू[14] था

न देखा 'मीर'-आवारा को लेकिन
ग़ुबार इक नातवां[15]-सा कू-ब-कू[16] था

---

1. प्रातःकाल, 2. खुशी, 3. शराब का दौर, 4. असावधान, 5. देह, 6. वेशभूषा, 7.सूरज और चांद, 8. चेहरा, मुख, 9. भरा हुआ, 10. कहानी, 11. मुहब्बत का अभिमान, 12. वस्त्र, 13. पैबन्द, 14. कस्तूरी की सुगन्ध से भरा हुआ, 15. दुर्बल, 16. गली-गली में।

(108)

हंगामा-गर्मकुन[1] जो दिले-नासबूर[2] था
पैदा हरेक नाले[3] से शोरे-नुशूर[4] था

आतिश-बुलन्द दिल की न थी वरना ऐ कलीम
यक शोला बर्क़े-ख़िरमने-सद-कोहेतूर[5] था

मजलिस में रात एक तेरे परतवे[6] बग़ैर
क्या शम्अ क्या पतंगा हरेक बेहुज़ूर था

हम ख़ाक में मिले तो मिले लेकिन ऐ सिपहर[7]
उस शोख़ को भी राह पे लाना ज़रूर था

कल पांव एक कासा-ए-सर[8] पर जो आ गया
यकसर वो उस्तुख़्वान[9] शिकस्तों से चूर था

कहने लगा कि देख के चल राह बेख़बर
मैं भी कभू किसू का सरे-पुरग़रूर[10] था

था वो तो रश्के-हूरे-बहिश्ती[11] हमीं में 'मीर'
समझे न हम तो फ़हम[12] का अपनी क़सूर था

---

1. उपद्रवी, 2. बेसब्र दिल, 3. आर्त्तनाद, 4. प्रलय का शोर, 5. तूर जैसे सैकड़ों पर्वतों को जला देने वाली बिजली, 6. प्रतिबिम्ब, 7. आकाश, 8. खोपड़ी, 9. हड्डी, 10. गर्वित सिर, 11. जिसे देखकर स्वर्ग की अप्सराओं को ईर्ष्या होने लगे, 12. समझदारी।

(109)

'मीर' दरिया है सुने शे'र ज़बानी उसकी
अल्ला-अल्ला रे तबीयत[1] की रवानी[2] उसकी

ख़ातिरे-वादिया[3] से देर में जाएगी कहीं
ख़ाक मानिन्द[4] बगूले के उड़ानी उसकी

एक है अहद[5] में अपने वो परागंद-मिज़ाज[6]
अपनी आंखों में न आया कोई सानी[7] उसकी

मुंह तो बौछार का देखा है बरसते तुमने
उसके अन्दाज़ से थी अश्के-फ़िशानी[8] उसकी

बात की तर्ज़[9] को देखो तो कोई जादू था
पर मिली ख़ाक में क्या सिहर-बयानी[10] उसकी

करके तावीज़ रखें उसको बहुत भाती है
वो नज़र पांव पे वो बात दिवानी उसकी

उसका वह इज्ज़[11] तुम्हारा ये ग़रूरे-ख़ूबी[12]
मिन्नतें उसने बहुत कीं, पर न मानी उसकी

कुछ लिखा है तुझे हर बर्ग[13] पे ऐ रश्के-बहार
रुक-अवारें[14] हैं यह औराके-ख़ज़ानी[15] उसकी

सरगुज़श्त[16] अपनी किस अन्दोह[17] से शब कहता था
सो गए तुम न सुनी आह कहानी उसकी

---

1. स्वभाव, 2. प्रवाह, 3. मैदान का हृदय, 4. भांति, 5. काल, 6. खिन्न मन, 7. उस जैसा, 8. आंसू बहाना, 9.तरीक़ा, 10. जादुई वर्णन, 11.विनम्रता, 12. सौन्दर्याभिमान, 13. पत्ते, 14. वह काग़ज़ जिसके चारों ओर हाशिया हो, 15. पत्ते, 16. आपबीती, 17. ग़म।

(110)

अब हाल अपना उसके है दिलख़्वाह[1]

क्या पूछते हो अलहम्दो-लिल्लाह[2]

मर जाओ कोई परवाह नहीं है

कितना है मग़रूर[3] अल्लाह-अल्लाह

पीरे-मुग़ां[4] से ये बे-ऐतिक़ादी[5]

अस्तग़ फ़िरुल्लाह[6] अस्तग़ फ़िरुल्लाह

मुजरिम[7] हुए हम दिल दे के वरना

किसको किसू से होती नहीं चाह

जल्वे[8] हैं उसके शानें हैं उसकी

क्या रोज़, क्या ख़ुर[9], क्या रात, क्या माह[10]

ज़ाहिर[11] कि बातिन[12] अव्वल[13] कि आख़िर

अल्लाह-अल्लाह अल्लाह-अल्लाह

है मासिवा[14] क्या जो 'मीर' कहिए

आगाह[15] सारे उससे हैं आगाह

---

1. मनचाहा, 2. सब तारीफ़ ख़ुदा के लिए है, 3. घमण्डी, 4. शराब बेचने वाला वृद्ध, 5. अविश्वास, 6. तौबा, 7. दोषी, 8. दर्शन, 9. सूरज, 10. चांद, 11. प्रत्यक्ष, 12. अप्रत्यक्ष, परोक्ष, 13. पहला, 14. भौतिक संसार, 15. परिचित।

(111)

बारहा[1] वादों की रातें आइयां
ताले'ओं[2] ने सुब्ह कर दिखलाइयां

जिल्ले-हक़्क़[3] हमको भी वो ही चाहिए
जूं हमारी होती हैं परछाइयां

एक भी चश्मक[4] न उस मह[5] की-सी थी
आंखें तारों ने बहुत झपकाइयां

एक ने सूरत न पकड़ी पेशे-यार[6]
दिल में शक्लें[7] सैकड़ों ठहराइयां

रूकशी[8] को उसकी मुंह भी चाहिए
माह[9] के चेहरे पे हैं सब झाइयां

चल चमन में ये भी है कोई रविश[10]
नाज़ ता कै[11] चन्द बे-परवाइयां

पास[12] मुझको भी नहीं है 'मीर' अब
दूर पहुंची हैं मेरी रुसवाइयां[13]

---

1. बार-बार, 2. भाग्य,क़िस्मत, 3. ख़ुदा का साया, 4. इशारा, संकेत, 5. चांद, प्रिय, 6. प्रिय के सामने, 7. सूरतें, 8. आकर्षण, 9. चांद, 10. शैली, गति, 11. कब तक, 12. लिहाज, सम्मान, आदर, 13. बदनामियां।

(112)

हम आप ही को अपना मक़सूद[1] जानते हैं

अपने सिवाय किसको मौजूद[2] जानते हैं

इज़्ज़ो-नियाज़[3] अपना अपनी तरफ़ है सारा

उस मुश्ते-ख़ाक[4] को हम मस्जूद[5] जानते हैं

सूरत-पज़ीर[6] हम बिन हरगिज़ नहीं वो मा'ना[7]

अहले-नज़र[8] हमीं को माबूद[9] जानते हैं

इश्क़ उनकी अक्ल को है जो मासिवा[10] हमारे

नाचीज़[11] जानते हैं नाबूद[12] जानते हैं

अपनी ही सैर करने हम जल्वागर[13] हुए थे

इस रम्ज़[14] को वलेकिन मादूद[15] जानते हैं

मरकर भी हाथ आए तो 'मीर' मुफ़्त है वह

जी के ज़ियान[16] को भी हम सूद[17] जानते हैं

---

1. लक्ष्य, 2. उपस्थित, 3. विनम्रता और दीनता, 4. मुट्ठी-भर धूल, 5. जिसे सिजदा किया जाए, 6. रूप धरना, 7. अर्थ, तत्त्व, 8. दृष्टि वाले, 9. आराध्य, ख़ुदा, 10. अलावा, 11. तुच्छ, 12. अस्तित्वहीन, 13. प्रकट, 14. रहस्य, 15.गिने-चुने लोग, 16. हानि, नुकसान, 17. मुनाफ़ा, लाभ।

(113)

इस अहद[1] में इलाही[2] मुहब्बत को क्या हुआ
छोड़ा वफ़ा को उसने मुरव्वत को क्या हुआ

उम्मीदवारे वादा-ए-दीदार[3] मर चले
आते ही आते यारो क़यामत को क्या हुआ

बख़्शिशश[4] ने मुझको अब्रे-करम[5] की किया ख़जिल[6]
ऐ चशम[7] जोशे-अश्के-नदामत[8] को क्या हुआ

जाता है यार तेग़-बक़फ़[9] गैर की तरफ़
ऐ कुश्ते-सितम[10] तेरी ग़ैरत को क्या हुआ

दी आग रंगे-गुल ने वां ऐ सबा चमन को
यां हम जले क़फ़स में सुन हाल आशियां का

कम-फ़ुर्सती जहां के मजमे की कुछ न पूछो
अहवाल[11] क्या कहूं मैं इस मजलिसे-रवां का

या रोए या रुलाया अपनी तो यूं ही गुज़री
क्या ज़िक्र हम-सफ़ीरां[12] याराने-शादमां[13] का

---

1. ज़माना, 2. ईश्वर, 3. वह इच्छुक जिसे दर्शन का वचन दिया गया हो, 4. दान, 5. दया के बादल, 6. लज्जित, 7. नेत्र, 8. पछतावे के आंसुओं का उबाल, 9. तलवार हाथ में लिए, 10. अत्याचार का मारा हुआ, 11. हाल-चाल, 12. मित्रो, 13. खुश रहने वाले मित्र।

(114)

मीरे-गुम-कर्दा-चमन[1] ज़मज़मा परदाज़ है एक
जिसकी ले दाम[2] से ता-गोशे-गुल[3] आवाज़ है एक

कुछ हो ऐ मुर्गे-क़फ़स[4] लुत्फ़ न जाए उससे
नौहा[5] या नाला[6] हरेक बात का अन्दाज़ है एक

गोश[7] को होश के टुक खोल के सुन शोरे-जहां
सबकी आवाज़ के परदे में सुख़नसाज़[8] है एक

चाहे जिस शक्ल से तिम्साले-सिफ़त[9] इसमें दर आ
आलमे-आईने के मानिन्द दरेबाज़[10] है एक

तलवारें कितनी खाई हैं सिजदे में इस तरह
फ़रियादी[11] होंगे मलके-लहू को जबीं[12] से हम

होता है शौक़[13] वस्ल[14] का इन्कार से ज़ियाद[15]
कब तुझसे दिल उठाते हैं तेरी नहीं से हम

उड़ती है ख़ाक शहर की गलियों में अब जहां
सोना लिया है गोद में भरकर वहीं से हम

---

1. जिसका बाग़ खो गया हो, 2. जाल, 3. फूल के कान तक, 4. पिंजरे का पक्षी, 5.शोक-गीत, 6. आर्तनाद, 7. कान, 8. बातें बनाने वाला, 9. तस्वीर की तरह, 10. खुला हुआ द्वार, 11. प्रार्थी, 12. माथा, 13. इच्छा, 14. मिलन, 15. अधिक।

(115)

मुझ सोज़े-बादे-मर्ग[1] से आगाह[2] कौन है
शम्अए-मज़ारे-'मीर'[3] बजुज़[4] आह कौन है

बेकस[5] हूं मुज़तरब[6] हूं मुसाफ़िर हूं बेवतन
दूरी-ए-राह[7] बिन मेरे हमराह कौन है

लबरेज़[8] जिसके हुस्न से मस्जिद है और दैर[9]
ऐसा बुतों के बीच वो अल्लाह कौन है

रखियो क़दम संभाल के कि तू जानता नहीं
मानिन्दे-नक़्शे-पा[10] ये सरे-राह[11] कौन है कि

मौसम है निकले शाख़ों से पत्ते हरे-हरे
पौधे चमन में फूलों से देखे भरे-भरे

आगे किसू के क्या करें दस्ते-तमअ[12] दराज़[13]
वह हाथ सो गया है सरहाने धरे-धरे

गुलशन में आग लग रही थी रंगे-गुल[14] से 'मीर'
बुलबुल पुकारी देख के साहब परे-परे

---

1. मृत्यु के बाद की जलन, 2. परिचित, 3. मीर की क़ब्र का चिराग़, 4. सिवाय, 5. निर्बल, 6. बेचैन, 7. रास्ते की दूरी, 8. भरा हुआ, 9. मन्दिर, 10. पदचिह्नों की भांति, 11. मार्ग में, 12. इच्छा का हाथ, 13. लम्बा, 14. फूल का रंग।

(116)

रही नगुफ़्ता[1] मेरे दिल में दास्तां[2] मेरी
न इस दयार[3] में समझा कोई ज़बां[4] मेरी

बरंगे-सौते-जरस[5] तुझसे दूर हूं तनहा[6]

ख़बर नहीं है तुझे आह कारवां मेरी

उसी से दूर रहा अस्ले-मुद्आ[7] जो था

गई ये उने-अज़ीज़[8] आह रायगां[9] मेरी

तेरे फ़िराक़[10] में जैसे ख़याल मुफ़लिस[11] का

गई है फ़िक्रे-परीशां[12] कहां-कहां मेरी

दिया दिखाई मुझे तो उसी का जल्वा[13] 'मीर'

पड़ी जहान[14] में जाकर नज़र जहां मेरी

---

1. न कहने योग्य, 2. कहानी, 3. संसार, 4. ज़बान, भाषा, 5. क़ाफ़िले की घंटियों की आवाज़ की भांति, 6. अकेला, एकाकी, 7. असली उद्देश्य, 8. प्रिय आयु, 9. व्यर्थ, 10. विरह, 11. दरिद्र, निर्धन, 12. परेशान कल्पना, 13. दर्शन, 14. दुनिया।

(117)

शब[1] इस दिले-गिरफ़्ता[2] वो वा-कर[3] ब-ज़ोरे-मय[4]
बैठे थे शीरे-ख़ाने[5] में कितने हिज़ें-कोश[6]

आई सदा[7] कि याद करो दौरे-रफ्त[8] को
इबरत[9] भी है ज़रूर टुक ऐ जम्ए-तेज़-होश[10]

जमशेद जिन ने वज़्अ किया[11] जाम क्या हुआ
वे सुहबतें[12] कहां गईं किधर वो नायो-नोश[13]

जुज़[14] लाला उसके जाम से पाते नहीं निशां
है कोकनार[15] उसकी जगह अब सुबू-बदोश[16]

झूमे है बेद जा-ए-जवानाने-मयगुसार
बाला-ए-ख़ुम है ख़िश्ते-सरे-पीरे-मयफ़रोश

---

1. रात, 2. बुझा हुआ दिल, 3. खोल के, 4. मदिरा के ज़ोर से, 5. मदिरालय, 6. व्यर्थ के काम करने वाला, 7. आवाज, 8. अतीत, 9. शिक्षा, 10. बुद्धिमानों का जमघट, 11. बनाया, 12. संगतें, 13. खाना-पीना, 14. सिवाय, 15. पोस्ते की डण्डी, 16. कंधे पर मदिरा के घट रखे हुए।

(118)

क्या दिन थे वो कि यां भी दिले-आरमीदा[1] था
रू[2] आशियाने तायरे-रंगे-परीदा[3] था

जिस सैदगाहे-इश्क़[4] में यारों का जी[5] गया

मर्ग[6] उस शिकार-गह का शिकारे-रमीदा[7] था

हासिल[8] न पूछ गुलशने-मशहद[9] का बुलहवस[10]

यां फल हर इक दरख़्त का हल्क़े-बुरीदा[11] था

फूल इस चमन के देखते क्या-क्या झड़े हैं हाय

सैले-बहार[12] आंखों से मेरी रवां[13] है अब

जिन्नो-मलक[14] ज़मीनो-फ़लक सब निकल गए

बारे-गिराने इश्क़ो-दिले नातवां है अब

पेश-अज़-दमे-सहर[15] मेरा रोना लहू का देख

फूले है जैसे सांझ वही यां समां है अब

---

1. सन्तुष्ट हृदय, 2. चेहरा, 3. उड़े हुए रंग की चिड़िया का घोंसला, 4. प्रेम की शिकारगाह, 5. दिल, 6. मृत्यु, 7. भागा हुआ शिकार, 8. प्राप्ति, 9. वधस्थल का बाग़, 10. बहुत लालची, 11. कटी हुई गर्दन, 12. बसन्त का प्रवाह, 13. बहाव, 14. प्रेत और फ़रिश्ते, 15. सुबह से पहले।

(119)

अब के माहे-रमज़ां[1] देखा था पैमाने में

बारे[2] सब रोज़े तो गुज़रे मुझे मयख़ाने में

जैसे बिजली के चमकने से किसू की सुध जाए

बेख़ुदी आई अचानक तेरे आ जाने में

आज सुनते हैं कि फ़र्दा[3] वो क़दआरा[4] होगा

देर कुछ इतनी क़यामत[5] के नहीं आने में

हम भी फिरे हैं यक हशम[6] लेकर

दस्त-ए-दाग़ो फ़ौजे-ग़म[7] लेकर

दस्त-कश[8] नाला[9]-ए-पेश रौ[10] गिरिया[11]

आह चलती है यां अलम[12] लेकर

मर्ग[13] इक मांदगी[14] का वक़्फ़ा[15] है

यानी आगे चलेंगे दम लेकर

---

1. रमज़ान का महीना, 2. ख़ैर, 3. आने वाला कल, 4. क़द को संवारकर खड़ा होना, 5. प्रलय, 6. सिपाही और प्यादे, 7. दाग़ों की टुकड़ी तथा दुखों की सेना, 8. हाथ खींचने वाला, 9. आर्त्तनाद, 10. सामने, 11. आंसू, 12. ध्वज, 13. मौत, 14. थकान, 15. विराम।

(120)

**इबरत[1] से देख जिस जा यां कोई घर बने है
परदे में जिस्म[2] ढहकर दीवारो-दर बने है**

हैं दिलगुदाज़[3] जिनके कुछ चीज़ माल वो है
होते हैं मुल्तफ़ित[4] तो फिर ख़ाक ज़र[5] बने है

बरसों लगी रहे हैं जब मेहरो-मह[6] की आंखें
तब कोई हम-सा साहब साहब-नज़र[7] बने है

याराने-दैरो-का'बा[8] दोनों बुला रहे हैं
अब देखें 'मीर' अपना जाना किधर बने है

लग चले है अगर उस गेसु-ए-अम्बर-बू[9] से
नाज़ करती हुई इस राह सबा[10] निकले है

क्या है इक़बाल[11] कि उस दुश्मने-जां के आते
मुंह से हर एक के सौ बार दुआ निकले है

क्या फ़रेबिन्द[12] है रफ़्तार[13] है कीने[14] की जुदा
और गुफ़्तार[15] से कुछ प्यार जुदा[16] निकले है

---

1. शिक्षा, 2. शरीर, 3. कोमल हृदय, 4. लगाव रखने वाला, 5. सोना, धन, 6. चांद-सूरज, 7. गुणग्राही, 8. मन्दिर और का'बे के साथी, 9. अम्बर की सुगन्ध से महकते केश, 10. प्रातः की हवा, 11. प्रतिष्ठा, 12. धोखेबाज, 13. चाल, गति, 14. धोखा, 15. बातचीत, 16. अलग।

(121)

तुम छेड़ते हो बज़्म[1] में मुझको तो हंसी से

पर मुझ पे जो हो जाए है पूछो मेरे जी से

उस शोख़[2] का तमकीन[3] से आना है क़यामत[4]

उकताने लगे हम-नफ़सां[5] तुम तो अभी से

नालां[6] मुझे देखें हैं बुतां[7] तिस पे हैं ख़ामोश

फ़रियाद है इस क़ौम की फ़रियादरसी[8] से

होगा सितम-ओ-जौर[9] से तेरे ही किनाया[10]

दो शख़्स जहां शिकवा-ए-अय्याम[11] करेंगे

आमेज़िशे-बेजा[12] है तुझे जिनसे हमेशा

वो लोग ही आख़िर तुझे बदनाम करेंगे

गर दिल है यही मुज़तरबुलहाल[13] तो ऐ 'मीर'

हम ज़ेरे-ज़मीं[14] भी बहुत आराम करेंगे

---

1. सभा, 2. चंचल, 3. घमण्ड, 4. प्रलय, 5. मित्रों, 6. क्रन्दन करते हुए, 7.सुन्दरियां, 8. इन्साफ़, 9. अन्याय और अत्याचार, 10. इशारा, 11. ज़माने की शिकायत, 12. व्यर्थ का मेल-जोल, 13. बुरे हाल, 14. जमीन के नीचे, क़ब्र में।

(122)

जब जुनूँ[1] से हमें तवस्सुल[2] था
अपनी ज़ंजीरे-पा[3] ही का ग़ुल[4] था

बिस्तरा था चमन में जूं बुलबुल
नाला[5] सरमाया-ए-तवक्कुल[6] था

इक निगह[7] को वफ़ा न की गोया
मौसमे-गुल[8] सफ़ीरे-बुलबुल[9] था

उसने पहचान कर हमें मारा
मुंह न करना इधर तजाहुल[10] था

शहर में जो नज़र पड़ा उसका
कुश्ता-ए-नाज़[11] या तग़ाफुल[12] था

अब तो दिल को न ताब है न क़रार
यादे-अय्याम[13] जब तहम्मुल[14] था

ख़ूब दरियाफ़्त जो किया हमने
वक़्ते-ख़ुश 'मीर' नकहते-गुल था

---

1. उन्माद, 2. लगाव, 3. पांव की ज़ंजीर, 4.शोर, 5. आर्त्तनाद, 6. निस्पृहता का धन, 7.क्षणभर, 8. बसन्त ऋतु, 9. बुलबुल की आवाज़, 10. जानकर अंजान बनना, 11. सौन्दर्याभिमान से ग्रसित, 12. उपेक्षा, 13. विगत की स्मृति, 14. सहनशीलता।

(123)

सुना है हाल तेरे कुश्तगां[1] बिचारों का
हुआ न गोर गढ़ा[2] उन सितम के मारों का

हज़ार रंग खिले गुल चमन के हैं शाहिद[3]
कि रोज़गार[4] के सर ख़ून है हज़ारों का

मिला है ख़ाक में किस-किस तरह का आलम[5] यां
निकल के शहर से टुक सैर कर मज़ारों का

निगाहे-मस्त[6] के मारे तेरे ख़राब हैं शोख़[7]
न ठौर है न ठिकाना है होशियारों का

करे हैं दावा-ए-ख़ुशचश्मी[8] आहुवान-ए-दश्त[9]
टुक एक देखने चल मुल्क उन गंवारों का

तड़प के मरने से दिल के कि मग़फ़िरत[10] हो उसे
जहां में कुछ तो रहा नाम बेक़रारों का

तड़प के ख़िरमने-गुल[11] पे कभी गिर ऐ बिजली
जलाना क्या है मेरे आशियां[12] के ख़ारों[13] का

---

1. क़त्ल किए हुए, 2. अन्तिम संस्कार, 3. गवाह, साक्षी, 4. संसार, 5. दुनिया, 6. मस्त नयन, 7. चंचल, 8. नेत्रों की सुन्दरता का दावा, 9. जंगल के हरिण, 10. मुक्ति, 11. फूलों का ढेर, 12. घोंसला, ठिकाना, 13. कांटे।

(124)

नहीं वसवास जी गंवाने के
हाय रे ज़ौक़[1] दिल लगाने के

मेरे तग़य्युरे-हाल[2] पे मत जा

इत्तफ़ाक़ात[3] हैं ज़माने के

इस कुदूरत[4] को हम समझते हैं

ढब हैं ये ख़ाक में मिलाने के

बस हैं दो बर्ग़ो-गुल[5] क़फ़स[6] में सबा[7]

नहीं भूखे हम आबो-दाने[8] के

चश्मा-ए-नज़्मे-सिपहर[9] झपकी है

सदक़े[10] इस अंखड़ियां लड़ाने के

---

1. रसिकता, 2. दशा का परिवर्तन, 3. संयोग, 4. दिल का मैल, 5. फूल की पत्तियां, 6. पिंजरा, 7. हवा, 8. पानी और भोजन, 9. आसमान के तारे की आंखें, 10. निछावर।

(125)

**इस बेकसी[1] से कौन जहां में मुआ[2] कि मैं
जुज़ दाग़ो-सीना आज चिराग़ो-लहद[3] नहीं**

बेसोज़े-दिल किन्हूं ने कहा रेख़्ता[4] तो क्या
गुफ़्तारे-ख़ाम पेशे-अज़ीज़ां सनद नहीं

सौ बार मस्त का'बे में पकड़े गए हैं हम
रुसवाई[5] के तरीक़ के कुछ नाबलद नहीं

लुत्फ़े-सुख़न[6] भी पीरी[7] में रहता नहीं है 'मीर'
अब शे'र हम पढ़े हैं तो वह शद्दो-मद नहीं

कभू न आंखों में आया वो शोख़ ख़्वाब[8] की तरह
तमाम उम्र हमें उसका इन्तज़ार रहा

शराबे-ऐश मयस्सर[9] हुई जिसे इक शब[10]
फिर उसको रोज़े-क़यामत तलक[11] ख़ुमार[12] रहा

गली में उसकी गया सो गया न बोला फिर
मैं 'मीर-मीर' कर उसको बहुत पुकार रहा

---

1. विवशता, 2. मरा, 3. क़ब्र का दीया, 4. उर्दू, 5. बदनामी, 6. शायरी का आनन्द, 7. वृद्धावस्था, 8. स्वप्न, 9. उपलब्ध, 10. एक रात, 11. प्रलय के दिन तक, 12. नशा।

(126)

मुँह तका ही करे है जिस-तिस का
हैरती[1] है यह आइना किस का

शाम से कुछ बुझा सा रहता है
दिल हुआ है चिराग़ मुफ़लिस[2] का

थे बुरे मुग़बचों[3] के तैवर लेक[4]
शैख़ मय खाने से भला खिसका

फ़ैज़[5] ऐ अब्र[6] चशम-ए-तर[7] से उठा
आज दामन वसीअ[8] है इसका

ताब किसको जो हाल-ए-'मीर' सुने
हाल ही और कुछ है मजलिस[9] का

---

1. चकित 2. निर्धन 3. शराब पिलाने वाले 4. लेकिन 5. लाभ 6. बादल 7. गीली आंखें 8. विशाल
9. महफिल।

(127)

मानिन्द-ए-शम्मे[1] मजलिस-ए-शब[2] अश्कबार[3] पाया
अल किस्सा[4] 'मीर' को हमने बे इख़्तियार पाया

शहर-ए-दिल एक मुद्दत उजड़ा बसा ग़मों में
आखिर उजाड़ देना उसका क़रार[5] पाया

इतना न दिल से मिलते न दिल को खो के रहते
जैसा किया था हमने वैसा ही यार पाया

क्या एतबार याँ का फिर उसको रव्वार देखा
जिसने जहां में आकर कुछ एतबार पाया

आहों के शोले जिस जा[6] उठे हैं 'मीर' से शब
वाँ जा के सुबह देखा मुश्त-ए-गुबार[7] पाया

---

1. शमआ की तरह 2. रात की महफिल 3. रोता हुआ 4. संक्षिप्त में 5. तय 6. स्थान 7. एक मुट्ठी धूल।

(128)

दम-ए-सुबह[1] बज़्म-ए-ख़ुश जहाँ[2] शब-ए-ग़म से कम न थी मेहरबाँ
कि चिराग था सो तो दूद[3] था जो पतंग[4] था सो गुबार था

दिल-ए-ख़रता जो लहू[5] हुआ तो भला हुआ कि कहाँ तलक
कभू[6] सोज़-ए-सीना[7] से दाग था कभू दर्द-ओ-ग़म से फ़िगार था[8]

दिल-ए-मुजतरब[9] से गुजर गई शब-ए-वस्ल[10] अपनी ही फ़िक्र में
न दिमाग था न फराग[11] था न शकेब[12] था न करार था

यह तुम्हारी इन दिनों दोस्तां मिजा[13] जिसके गम में है ख़ूँचिकां[14]
वही आफत-ए-दिल-ए-आश्क़ाँ किसू वकत हमसे भी यार था

कभू जाएगी जो उधर सबा[15] तो यह कहियो उससे कि बे वफ़ा
मगर एक 'मीर'-शिकरता[16] पा तिरे बाग़-ए-ताज़ा में ख़ार[17] था

---

1. सुबह के समय 2. दुनिया 3. धुआँ 4. परवाना 5. रक्त 6. कभी 7. सीने की जलन 8. घायल
9.व्याकुल मन 10. मिलन की रात 11. फुर्सत 12. चैन 13. पलकें 14. रक्तमय 15. हवा 16. घायल
पैर 17. कांटा।

(129)

अश्क[1] आंखों में कब नहीं आता
लहू[2] आता है जब नहीं आता

होश जाता नहीं रहा लेकिन

जब वो आता है तब नहीं आता

दिल से रुखसत हुई कोई ख़्वाहिश[3]

ग्रिया[4] कुछ बे-सबब[5] नहीं आता

इश्क़ को हौसला है शर्त वरना

बात का किस को ढब नहीं आता

जी में क्या-क्या है अपने ऐ हमदम

हर सुख़न[6] ता-ब-लब[7] नहीं आता

---

1. आंसू 2. रक्त 3. इच्छा 4. रोना 5. अकारण 6. बात 7. होठों तक।

(130)

सहर गह-ए-ईद[1] में दौर-ए-सबू[2] था

पर अपने जाम में तुझ बिन लहू[3] था

ग़लत था आपसे ग़फ़िल[4] गुजरना

न समझे हम कि इस क़ालिब[5] में तू था

गुल-ओ-आईना क्या खुर्शीद-ओ-मह क्या

जिधर देखा उधर तेरा ही रू[6] था

जहाँ पुर है फ़साने से हमारे

दिमाग़-ए-इश्क हम को भी कभू था

न देखा 'मीर'-ए-आवारा को लेकिन

ग़ुबार इक ना तवाँ[7] सा कू-ब-कू[8] था

---

1. ईद की सुबह 2. शराब पीने का क्रम 3. खून 4. बेखबर 5. शरीर 6. चेहरा 7. कमज़ोर 8. गली-गली।

(131)

क़द्र[1] रखनी न थी मता-ए-दिल[2]

सारे आलम[2] को मैं दिखा लाया

दिल कि यक क़तरा-ए-खूँ नहीं है पेश[4]

एक आलम के सर बला लाया

सब पे जिस बार ने गिरानी[5] की

उसको यह नातवाँ[6] उठा लाया

इब्तिदा[7] ही में मर गए सब यार

इश्क़ की कौन इन्तहा[8] लाया

अब तो जाते हैं बुत-कदे से 'मीर'

फिर मिलेंगे अगर खुदा लाया

---

1. मूल्य 2. दिल की दौलत 3. संसार 4. अधिक 5. बोझ 6. कमज़ोर 7. आरम्भ 8. अंत।

(132)

ग़म रहा जब तक कि दम में दम रहा
दिल के जाने का निहायत ग़म रहा

हुस्न था तेरा बहुत आलम फ़रेब[1]

ख़त के आने पर भी इक आलम रहा

मेरे रोने की हकीकत जिसमें थी

एक मुद्दत तक वो काग़ज़ नम[2] रहा

जामा-ए-एहराम-ए-ज़ाहिद[3] पर न जा

था हरम[4] में लेक ना-महरम[5] रहा

---

1. दुनिया को धोखा देने वाला 2. गीला 3. एक विशेष लिबास जो धार्मिक वक्ता हरम में पहनता है।
इस लिबास में शरीर का कुछ ऊपरी भाग खुला रहता है संतों की तरह 4. मस्जिद 5. बे-पर्दा।

(133)

जो इस शोर से मीर रोता रहेगा
तो हमसाया[1] काहे को सोता रहेगा

बस ऐ ग्रिया[2] आंखें तिरी क्या नहीं हैं

जहाँ को कहाँ तक डुबोता रहेगा

मिरे दिल ने वो नाला[3] पैदा किया है

जरस[4] का भी जो होश खोता रहेगा

तू यूँ गालियाँ ग़ैर को शौक़ से दे

हमें कुछ कहेगा तो रोता रहेगा

बस ऐ 'मीर' मिज़गाँ[5] से पोंछ आँसुओं को

तू कब तक यह मोती पिरोता रहेगा

---

1. पड़ोसी 2. रोना 3. दिल से निकलने वाली आह 4. घण्टा 5. पलकें।

(134)

कजीं¹ उसकी जो मैं जताने लगा

मुझे सीधियाँ² वो सुनाने लगा

तहम्मुल³ न था जिसको दुक⁴ सो वो मैं

सितम कैसे-कैसे उठाने लगा

परेशाँ है इम वक़्त में नेक-ओ-बद

मुआ जो कोई वह ठिकाने लगा

नहीं रहते आकिल⁵ इलाके बग़ैर

कहीं 'मीर' दिल को दिवाने लगा

---

1. टेढ़ापन 2. सीधी-सीधी, गालियाँ 3. सब्र, धीरज 4. ज़र 5. बुद्धिमान।

(135)

**जो तू ही सनम हमसे बेज़ार होगा
तो जीना हमें अपना दुश्वार होगा**

ग़म-ए-हिज्र[1] रक्खेगा बे ताब दिल को

हमें कुढ़ते-कुढ़ते कुछ आज़ार[2] होगा

जो डफ़रात-ए[2]-उलफ़त है ऐसा तो आशिक़

कोई दिन में बरसों का बीमार होगा

उचटती मुलाकात कब तक रहेगी

कभू तो तह-ए-दिल[3] से भी यार होगा

तुझे देखकर लग गया दिल न जाना

कि इस संगदिल[4] से हमें प्यार होगा

---

1. वियोग का ग़म 2. बीमारी, रोग 3. दिल से 4. पत्थर दिल।

(136)

शबको[1] वो पिए शराब निकला

जाना यह कि आफ़ताब[2] निकला

कुर्बान प्याला-ए-मय-ए-नाब[3]

जिससे कि तिरा हिजाब[4] निकला

मस्ती में शराब की जो देखा

आलम यह तमाम ख़्वाब निकला

शेख़ आने को मयकदे में आया

पर हो के बहुत ख़राब निकला

था ग़ैरत-ए-बादा[5] अक्स-ए-गुल[6] से

जिस जू-ए-चमन[7] से आब[8] निकला |

---

1. रात 2. सूरज 3. शराब का जाम 4. शर्म 5. शराब 6. फल की छबि 7. झरना 8. पानी।

(137)

शे'र के पदे में मैंने ग़म सुनाया है बहुत
मर्सिए[1] ने दिल को मेरे भी रुलाया है बहुत

वादी-ए-कुहसार[2] में रोता हूँ धाड़ें मार-मार

दिलबरान-ए-शहर ने मुझको सताया है बहुत

वा[3] नहीं होता किसी से दिल गिरफ़्ता[4] इश्क़ का

ज़ाहिरा[5] ग़मगीं[6] उसे रहना ख़ुश आया है बहुत

फूल, गुल, शम्स-ओ-कमर[7] सारे ही थे

पर हमें उनमें तुम्हीं भाए बहुत

'मीर' से पूछा जो मैं आशिक़ हो तुम

हो के कुछ चुपके से शर्माए बहुत

---

1. शोक-गीत 2. पर्वतों वाली वादी 3. खुलना 4. बंधा हुआ 5. प्रकट में 6. उदास 7. चाँद-सूरज।

(138)

इश्क़ में ऐ तबीजे[1]-जाँ टुक[2] सोच

पा-ए-जाँ[3] दरमियाँ है याँ टुक सोच

सरसरी मत जहाँ से जा ग़ाफ़िल

पाऊँ तेरा पड़े जहाँ टुक सोच

फैल इतना पड़ा है तू क्यों याँ

यार अगले गए कहाँ टुक सोच

होठ अपना हिला न समझे बिन

यानि जब खोले तू ज़बाँ टुक सोच

फायदा सर झुकेगा शब[4] में 'मीर'

पीरी[5] से आगे ऐ जवाँ टुक सोच

---

1. इलाज करने वाला हकीम 2. ज़रा 3. जीवन 4. रात 5. बुढ़ापा।